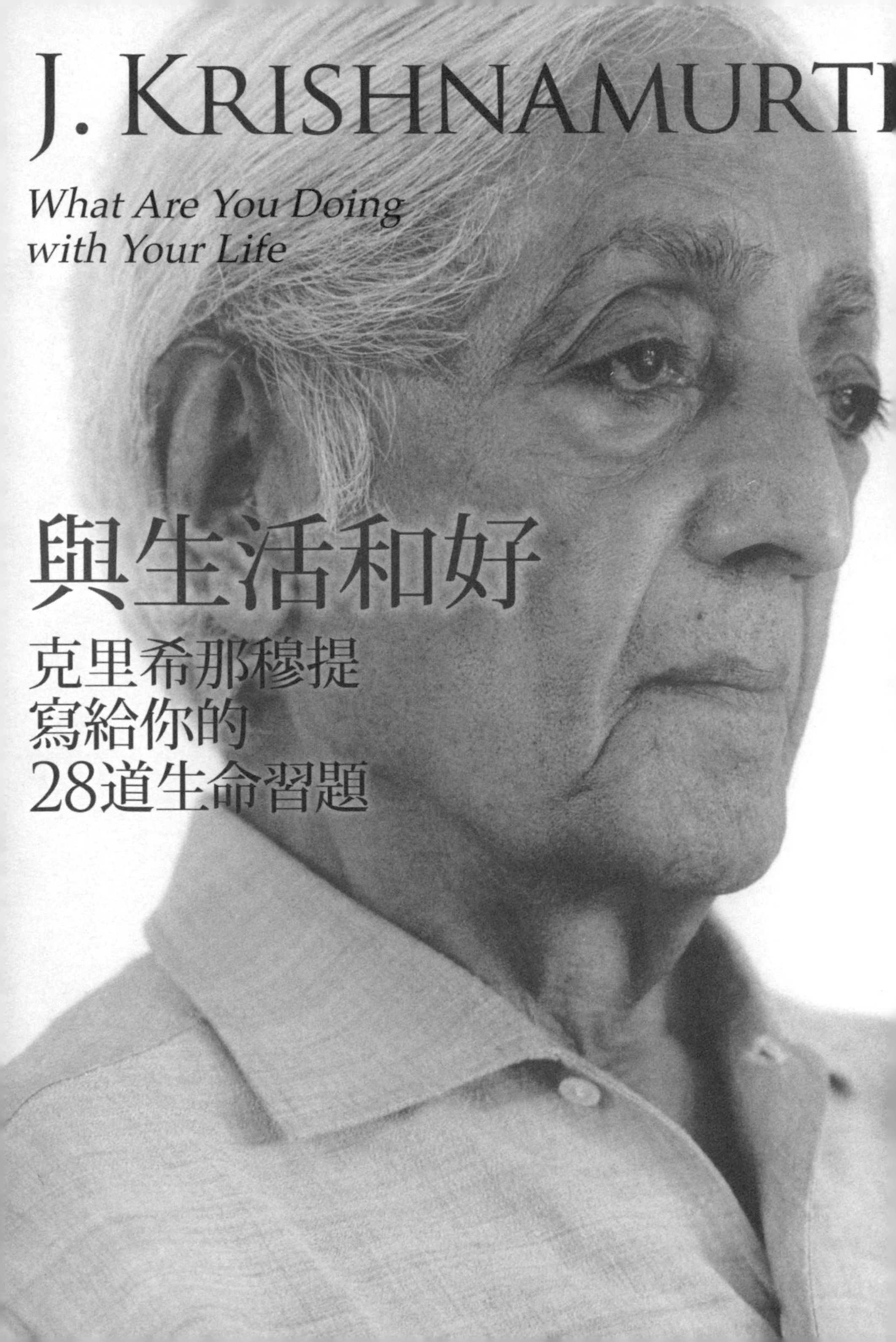

J. KRISHNAMURTI

What Are You Doing with Your Life

與生活和好

克里希那穆提寫給你的28道生命習題

前·言

雙親來自印度的克里希那穆提，在英國受教育，至世界各地演講。他主張不效忠於任何階級、國家或宗教，也不受任何傳統束縛。

他的教導，印刷成冊的已超過兩千萬言，見諸於超過八十本書、七百捲錄音帶，以及一千兩百捲的錄影帶；截至目前為止，書籍印行超過二十二種語言，銷售超過四百萬冊。《時代》雜誌讚譽克里希那穆提為二十世紀五大聖人，與達賴喇嘛尊者、德蕾莎修女並列。

克里希那穆提周遊各地六十五載，自發地對群眾發表演說，直到九十歲生命劃下句點為止。他的基本宗旨始終是拒絕所有精神與心理的權威，包括他自己。他表示人必須透過自我認識，讓自己從恐懼、限制、權威及教條中解脫。他認為這樣的自由會帶來秩序，以及精神上真正的改變。衝突處處的暴力世界，無法藉由任何政治、社會或經濟策略，轉變為充滿善、愛與慈悲的生活。唯有不受任何精神領袖或組織宗教的影響，透過個人的觀察，達到自身的轉化，善、愛與慈悲的生活才可能出現。

身為一位擁有原創性思想的哲學家，克里希那穆提的才華吸引了傳統與非傳統的思想家和哲學家。國家元首、卓越的物理學家如大衛・波姆（David Bohm）、聯合國的傑出領袖、精神病學家、心理學家、宗教領袖及大學教授，全都參與了與克里希那穆提的對話。學生、老師，以及千千萬萬來自生活各階層的人，都聽過他的演說、讀過他的作品。他架起了科學與宗教之間的橋梁，不說艱澀術語，不論科學家或一般人，都可以理解他針對時間、思想、智慧與死亡等議題的討論。

他在美國、印度、英國、加拿大、西班牙都設立了基金會，目的是為了確保他的教導不被扭曲、傳播他的耕耘結果，而不是要樹立權威或膜拜其個人或其教導。

在印度、英國及美國創立多所學校時，克里希那穆提就預見教育不應僅是強調學術及智力技能，更應該強調對心靈的了解；也要學習生活的藝術，而不只是謀生的技能。

克里希那穆提曾說：「學校肯定是一個人學習生活的全部和一切的地方。學術卓越絕對有其必要，然而學校所包含的不只如此。學校不但是老師及受教者探索外在世界及知識世界之處，也是他們探索自己的思想與行為之處。」

他這麼說自己的志業：「不需要也不要求信仰，沒有追隨者，沒有儀式崇拜，沒有任何形式與任何方向的說服，唯有如此，我們才能在同一個平台、同一個基礎、同一個水平上相遇。也只有到那個時候，我們才能一起見證人類存在的非凡奇蹟。」

印度克里希那穆提基金會沙亞達里學習中心主任奇薛·凱爾納

Sahyadri Study Centre, Kishore Khairnar

導・論

你和我，我們與我們的腦子、與彼此、與我們所擁有的東西、與金錢、與工作、與性之間的連結，正是這些關係造就了社會。我們與自己以及其他人之間的關係，再乘以六十億倍，就成了這個世界。我們每一個人的成見與個別的寂寞總和，再加上每一分貪婪的野心、每一種生理或情緒上的渴望、每一次的憤怒與哀傷——我們就是這個世界。

世界和我們並沒有差別，世界**就是**我們。所以事情其實很簡單：如果我們改變，每一個人都改變，我們就能改變這個世界。甚至，就算我們當中只有一個人改變，也會起了漣漪效應。美善是具有傳染力的。

在學校，我們被教導要聽從父母師長的話。就技術上而言，這麼做有其道理。然而，數千個世代過去了，在心理上，我們仍然沒有學會如何停止讓自己受苦，以及如何停止讓別人受苦。我們的心理並沒有跟上生物或科學演進的腳步。我們可以在學校裡學到如何**謀生**，但是**生活的藝術**則需要我們每個人自己去學習。

我們都被生活所傷，或許因為寂寞、混亂、失敗或絕望的感受。貧窮、情緒失調、街頭暴力或家暴，也都讓人很受傷。我們學了很多東西，但沒有人教我們如何應付生活所帶來的衝擊。至少沒有人教過我們，讓我們受傷的其實並非生活，而是我們面對事物的反應。我們的恐懼（源於自我保護的恐懼），才是引起傷痛的原因。保護自己的身體是一種天性，但保護我們稱之為「自我」（self）的這個東西，也是天性嗎？這個「自我」，這個麻煩與心理痛苦的根源，又是什麼呢？

如果你只是利用毒品、娛樂、性、忙碌來逃避心理的痛苦與混亂，那麼痛苦的問題還是在那裡，夾雜著精疲力竭與上癮。注意「自我」的各種表現，了解恐懼、欲望、憤怒都是自然的情緒，不一定都要付諸行動，也不一定什麼都要得到——這樣的認知才能化解心理的苦痛，而不是加重它。

我們需要學習了解自我，才能了解自我是我們的問題根源。不是只顧著自己，而是關注思想、感覺、自我的活動，以及自我的生理、個人、性別和文化的狀況。這就是冥想（meditation）。

本書的言論與教導來自一位始終以局外人的方式生活於社會的人，一個偉大的局外人：他是叛徒、流浪詩人、宗教哲學家、破除迷信的聖人、具突破性的科學家和心理學家，也是跨越千年時空的旅人導師。有六十五年的時間，克里希那穆提對每一個願意聆聽他的訊息的人講述精神與心靈的自由。他為孩童、青少年、成人設立學校，讓年輕人能夠學習一般科目，同時也學習認識自己。在這些學校裡，一如在所有的演說與寫作中，他指出：讓我們自由的不是內在或外在的戰爭，而是關於我們自己的真理（truth）。

沒有可遵循的路徑、可追隨的權威、可依附的精神導師：你自己就有能力找出你是什麼，你對你的生活、你的關係以及你的工作做了什麼。你必須體驗書裡所說的。除非你親身嘗試，否則他人的真理聽起來只是個意見。你必須透過自己的顯微鏡去看，否則你看到的只是如塵的文字，而非對生命的實際認知。

我們通常只被教導要思考**什麼**，而非**如何**思考。我們學習如何逃避寂寞與心理折磨，而非如何結束它們。

本書中的所有選文，皆來自克里希那穆提的著作、他經報導與記錄的對談，以及他的公開演說。不妨閱讀本書內容和書末所列的資料，看看你自己會發生什麼改變。

附注：K，一如這位導師對自己的稱呼，總是為他論述中以「他」、「他的」、「他們」為主要用詞向女性致歉。他的教導涵括全人類。

英文版出版編輯戴爾・卡爾森 Dale Carlson

生命是什麼？生命有意義、有目的嗎？
難道生活本身不能是生命的目的與意義嗎？
生命是一種關係，生活則是關係中的行動。
而唯有在生活中，我們才能看到真實。

CONTENTS

第三部　教育、工作與金錢　153

強迫接受的做法永遠無法喚起智慧以及富創造性的理解。

第四部

我們的各種關係

關係是一面你可以從中發覺自己的鏡子。你只存在於關係中，否則你就不存在。

185

第一部

你的自我和你的生活

如果你明白如何去活，那麼活著這件事本身就已足夠，不是嗎？

第一章 你是什麼？

*

一、了解心靈

*

在我看來，不了解我們的心靈（mind）的運作方式，就無法了解並解決生活的複雜問題。透過書本的知識無法讓我們有這樣的了解。心靈本身就是個相當複雜的問題。在這個了解心靈的過程中，我們每個人在生活中所面對的危機，或許可以被了解和超越。

*

二、極其重要的過程

*

在我看來，了解我們心靈的運作過程，是件極其重要的事情……

*

三、心靈是什麼？

*

我們並不知道心靈的運作方式；我指的是心靈本身，而非它應該是什麼樣子，或我們希望它是什麼樣子。心靈是我們唯一的工具，我們用來思考和行動的工具，而我們就存在其中。如果我們無法了解心靈在我們每一個人身上運作的過程，那麼我們面對的所有問題將會變得更加複雜，也更具破壞性。因此，在我看來，了解一個人的心靈，是所有教育的第一項必要功能。

我們的心靈、你的心靈、我的心靈，是什麼？不是根據……別人怎麼說。如果你並未依循我對心靈的描述，你聽著我說，但事實上你觀察著自己運作中的心靈，那麼或許思考這整個問題會是有益且值得的。我們的心靈是什麼？它是風俗民情和數百年傳統的結果，不是嗎？這個傳統，也就是所謂的文化、社經影響、環境、觀念與教條，是社會藉由宗教以及所謂的知識和膚淺的資訊，加諸心靈之上的。請觀察你自己的心，不要只是跟隨我的描述，因為我的描述一點都不重要。如果我們能了解心靈的運作，當生活的問題令我們不安時，我們才能夠處理。

心靈分成有意識與無意識兩個層面。如果我們不喜歡這兩個用詞，也可以換成另外兩個詞：表面的與潛藏的——也就是表層心靈與深層心靈。有意識的心靈與無意識的心靈，表層心靈與深層心靈，我們思想的整個過程（我們只察覺到這個過程的一部分，其他的大部分我們絲毫未覺），就是我們稱之為意識的東西。這個意識是時間，也是人類數百年來努力的成果。

我們從孩童時代起就被教導要相信某些觀念，我們受到教條、信仰以及理論的制約。我們每一個人都受到不同影響的侷限，在那樣的環境裡，在那些狹隘又無意識的影響下，我們的思想萌芽，以共產黨員、印度教徒、穆斯林或科學家的型態呈現。思想無疑是源自於記憶與傳統，正是在這樣帶有意識與無意識、表層與深層的經歷中，我們與生活相遇。生活永遠都在變動，從不止靜。然而，我們的心靈是靜態的。我們的心靈受到教條、信仰、經驗、知識的限制、壓抑和束縛。帶著被綑綁的心靈，帶著如此侷限與壓抑的心靈，我們與持續變動的生活相遇。生活有各式複雜且快速變化的問題，它從來不曾止靜，而且每日每分都需要新的處理方式。因此，當我們與這樣的生活相遇，受到禁錮且靜態的心靈與隨時處於變動的生活，無時不相衝突。這就是正在發生的狀況，不是嗎？

生活與受制的心靈之間不僅存在衝突，這樣的心靈與生活的相遇，還會製造出更多的問題。我們學習膚淺的知識，也學習征服自然的新方法以及科學。然而，習得了知識的心靈，依然處於禁錮的狀態，受到特定信念的制約。

所以我們的問題不在於如何過生活，而是如何讓處處受制、侷限在教條和信念中的心靈得到解放？唯有自由的心靈才能夠應付生活，受到體制、信念、特定知識束縛的心靈無法做到。因此，為了不再製造更多問題，為了結束不幸與悲傷，了解我們心靈的運作方式難道不重要嗎？

＊

四、自我是什麼？

＊

我們知道自我（Self）是指什麼嗎？我所謂的自我，指的是想法、記憶、結論、經驗、各種可名與不可名的目的、有意識的做與不做，以及無意識、種族、團體、個人、家族的記憶累積，全部的全部，不論反應在外顯的行為或精神上的美德；所有這一切的努力背後就是自我。在這個自我之中，也包含了競爭與功成名就的欲望。這整個過程都是自我；事實上，我們知道自己何時面對了這個邪惡的自我。我刻意使用「邪惡」兩字，因為自我是分隔的，它是自我圈限的，它的行動，不論多麼高尚，都是分離且孤立的。我們知道這一切。我們也知道那些自我不存在的非凡時刻，在那樣的時刻裡，沒有刻意為之的感覺，這種時刻的出現，就是愛的存在。

*

五、自我認識是一種過程

*

要了解我們每一個人的無數問題，自我認識難道不是必要的嗎？可惜這也是最困難的事。自我覺察並不是指孤立或退縮。認識自己是必要的，但認識自己不表示必須退出各種關係。若一個人以為可以透過孤立、拒絕一切，或尋求某位心理學家、神職人員的協助，而有意義地、徹底地、完整地認識自己，抑或以為藉由某本書就可以學會如何自我認識，那無疑是錯誤的。自我認識顯然是一種過程，不是目的；一個人要認識自己，必須先察覺行動中的自己，那就是關係。若想認識自己，不能孤立或退縮，而是要身處關係中——與社會的關係，與妻子、丈夫、兄弟，以及其他人的關係。然而，若要了解你如何反應，你反應了什麼，則需要心靈格外的警覺，一種敏銳的知覺。

*

六、你是什麼，這個世界就是什麼

*

你自己與你內在和周遭的不幸與混沌之間，是什麼樣的關係？這個混沌，這個不幸，當然不會是憑空出現的。你和我創造了它，不是資本主義者、共產主義信徒或法西斯社會，它是你和我在我們與彼此的關係中創造出來的產物。你的內在投射於外在世界；你是什麼、你想什麼、你感覺什麼、你每天都做了些什麼，全都會投射到外面，而那就構成了這個世界。如果我們的內在悲慘、困惑、混亂，投射出來的世界和社會就是悲慘、困惑、混亂。你和我的關係、我和其他人的關係，就是社會，社會是我們的關係的產物，若我們的關係混亂、自我中心、狹隘、受限、只關心自己國家的利益，那麼我們就會投射出同樣的特質，給世界帶來混亂。

你是什麼，這個世界就是什麼。所以你的問題，就是這個世界的問題。當然，這是個簡單而根本的事實，不是嗎？在我們與他人的關係中，我們似乎總是忽略這個簡單的事實。我們想要透過體制，或藉由革新奠基於體制上的觀念或價值，來改變社會的混亂，卻忘了是你我創造了社會，是你我的生活方式給社會帶來混亂或秩序。所以我們必須從近處開始，也就是說，我們必須關心自己每天的生活，關心我們每天的思想、感覺和行動——這些可以從我們如何謀生、我們和觀念與信念的關係看得出來。

＊七、你的掙扎，就是人類的掙扎＊

除非你我把了解自己視為一整個過程，否則不會有完整、有意義的變革。你和我並非孤立的個體，而是整體人類與幻覺、奇想、追求、無知、爭鬥、衝突及苦難對抗的結果。一個人若不了解自己的情況，不可能可以改變這個世界。如果你明白這一點，你的內心立刻起了改變，不是嗎？那麼就不需要精神導師，因為你對自己的認識來自即時即地，不是道聽塗說，也不會囿於宗教導師的告誡。因為你在與他人的關係中即時即地發現了自己，關係便有了完全不同的意義。關係是一種啟發、一種發現自己的持續過程，而行動便在這個自我發現的過程中產生。

因此，自我認識來自於關係，而非孤立。關係就是行動，自我認識則是在行動中覺察的結果。

＊八、改變自己，你就改變了世界＊

世界的改變是藉由一個人自己的改變而來，因為這個自己是整個人類生存過程的一部分，也是這個過程的產物。要想改變自己，自我認識是必要的；不知道自己是什麼，正確的思維就沒有根基；不認識自己，就不可能有改變。

＊

九、為什麼要現在改變？

＊

年長與年輕之間並沒有本質上的差異，因為每個人都被自己的欲望與滿足感所奴隸。成熟與年紀無關；成熟是伴隨著了解而來。熱情探究的靈魂也許較有益於年輕人，因為年紀較長者承受過生命的打擊，衝突讓他們精疲力盡，不同形式的死亡也等著他們。然而，這並不代表他們沒有能力進行有目的的探究，只是相對來說比較困難。許多成年人不但不成熟，還很幼稚，這是造成世界上這些混亂與不幸的原因。當前的世界處處可見的經濟與道德危機，都是年紀較大的人所造成的；我們眾多可歎的弱點之一，是我們總希望別人來代替我們行動，改變我們的生活。我們等待其他人去反抗和重新建造，而我們則被動等待結果。我們大多數人追求的是安全感與成功；然而，一個追求安全感、渴望成功的心靈並不明智，因此它無法整合行動。一個人唯有在了解自己的處境、自己的種族、國家、政治與宗教上的偏見之後，才有辦法整合行動；換言之，唯有理解到自我永遠是分離的，才能夠有完整的行動。

人生是口深井。你可以只用小桶汲出一點點水，也可以用好幾個大容器汲出大量可以滋養與維繫生命的水。年輕是探究、實驗一切事物的時候。學校應該教導年輕人發覺自己的使命與責任，而不只是拿事實與理論知識填滿他們的心靈。學校應該是年輕人可以無懼、快樂與完整成長的一方沃土。

*

十、思想不能解決自我的問題

*

針對一個問題，我們思考得愈久，探究、分析、討論得愈多，問題就變得愈複雜。我們是否有可能以全面、整體的眼光去看待問題？該怎麼做呢？在我看來，那正是我們最大的困難。我們的問題愈來愈多，諸如迫在眼前的戰爭危機、各種關係的障礙，我們要如何才能以全面、整體的眼光去理解所有的問題？顯然，唯有當我們能夠全面看待問題，既不區隔也未分割，才能解決問題。但什麼時候才有可能這麼做？無疑只有在思想的過程結束時——這個過程源於「我」、自我，它受到傳統、情境、偏見、希望、絕望所影響。我們真的可以不透過分析，而是藉由看見其本然、明白它是一個事實而非理論的方式，來理解這個自我嗎？不是為了達到結果而設法停止自我，而是要看見這個自我（我）的行動不斷延續。我們是否可以看著它，不加任何破壞或鼓勵？這才是問題，不是嗎？如果我們每個人都不以「我」為中心，也沒有追求權力、地位、權威、存續、自保的欲望，我們的問題自然可以迎刃而解！

自我是思想無法解決的問題。一定有一種不屬於思想的覺知。不帶責備或辯護地去覺知自我的活動，僅僅覺知，就已足夠。如果你的覺知是為了找出**如何**解決問題、為了要改變問題，或是為了想產生一個結果，那麼你仍然陷於自我，陷於「我」的範疇。一旦我們尋求的是一個結果，不論透過分析、覺知或不斷檢驗各種想法，我們依然陷在思想之中，也就是在「我」、自我或我所欲的範圍內。

只要心靈的活動持續，愛就不可能存在。而唯有當愛存在時，社會問題才會止息。

第二章 你要什麼？

*

一、安全感、快樂、喜悅

*

我們大部分人都在追求什麼？我們每一個人想要的是什麼？特別是在這個紛擾不安的世界裡，每個人都試著尋找某種平靜、快樂和庇護，因此明白我們想要追求的是什麼，我們想要發現的是什麼，是件重要的事情，不是嗎？或許大多數的人都在尋找某種快樂、某種平靜；在一個充滿動亂、戰事、爭鬥、糾紛的世界，我們想要一個可以提供平靜的庇護所。我想這是我們多數人想要的。於是我們不斷追求，從一個領袖追隨到另一個領袖，從一個宗教組織換到另一個宗教組織，從一位導師換到另一位導師。

現在，我們是在追求快樂，抑或追求某種我們希望從中獲得快樂的滿足？快樂與滿足是有差別的。你可以**尋求**快樂嗎？或許你可以找到滿足，但你絕對**找不到**快樂。快樂是衍生而來的；它是其他東西的副產品。因此，在我們把自己的心投注於需要認真、專注、思考及關心的事物以前，我們必須弄清楚我們追求的是什麼。是快樂？還是滿足？我想多數人追求的都是滿足。我們想要被滿足，我們想要在追尋之旅的最終找到一種滿足感。

如果一個人尋找的是平靜，他很容易就能夠找到。他可以盲目地投入某種目標、某種觀念，在其中尋求庇護。當然這並沒有解決問題。孤立於封閉的思維中，並無法擺脫衝突。所以我們必須找出（向內找，也要向外找）我們每個人想要的是什麼，不是嗎？如果我們了解這一點，我們就不需要去任何地方、追隨任何導師、上任何教堂、參加任何組織。因此困難在於了解我們自己想要什麼。我們能夠清楚了解嗎？這樣的了解來自於不斷尋找？來自於理解別人說什麼？還是來自於最高階的導師或轉角教堂裡那位傳道牧師？你是否曾經為了尋找答案而必須求助於他人？這正是我們都會做的事，不是嗎？我們閱讀無數的書、參與許多會議和討論、加入各種組織，就是為了找到生命中衝突與不幸的解答。或者，我們現在不做那些事了，我們以為自己已經找到了解藥；換言之，我們會說某一個組織、某一位導師、某一本書滿足了我們的需求，我們在這個組織中、這位導師身上或這本書裡，找到了我們想要的一切。然後，我們就這麼停在其中，僵化又封閉。

在這一切的混亂中，難道我們不是在尋找某種永恆、持久的東西，某種我們可以稱之為真實、上帝、真理，或任何你喜歡稱呼的名稱嗎？什麼名稱不重要，因為話語不是重點。不要讓自己侷限在話語和文字間。把這個留給專業講者。我們多數人都在找尋某種永恆的東西，不是嗎？某種我們可以緊緊抓著、可以帶給我們信念的東西，也許是一個希望、也許是一種持續的狂熱、一種恆久的確定感，因為我們自己是如此的不確定。我們不了解自己。我們對於事實、對於書本上說什麼，都有相當多的認識；但是我們對自己無所知，我們沒有直接的經驗。

我們所謂的永恆又是什麼？我們在追尋的是什麼？我們在追尋的那個可以給予我們永恆，或者應該說我們希望那個可以給予我們永恆的東西，又是什麼？我們難道不是在追求持久的快樂、持久的滿足，以及持久的確定感？我們想要某種可以恆久不變、某種可以滿足我們的東西。如果能除去所有的語言文字，真真實實地看著它，這才是我們想要的東西。而我們想要永恆的喜悅……

二、人無法追求快樂

你所謂的快樂是什麼？有些人說快樂來自於得到你想要的東西。你想要一部車，你得到了一部車，於是你感到快樂。我想要一塊紗麗或一件衣服，我想去歐洲，我得到了，我就快樂了。我想要成為……偉大的政治家，如果我做到了，我就快樂了；如果做不到，我就不快樂。因此，你稱之為快樂的東西，就是得到你想要的東西，達到你的目標或成功，或變得更有權有勢，或得到你希冀的一切。只要你有想要的東西，而且你可以得到它，你就會覺得十分快樂，你就沒有挫折。但是如果你無法得到你想要的東西，那麼不快樂就開始了。我們所有人都如此，不分貧富。富人和窮人都想要為自己、為家人、為社會掙得些什麼，如果他們受阻、無法得到，他們就會不快樂。我們並不是在討論或說窮人不應該擁有他們想要的東西。這不是問題。我們要釐清的是快樂是什麼，以及快樂是不是某種你可以意識到的東西。當你意識到你快樂、你擁有很多的那一刻，那就是快樂嗎？你意識到你快樂的那一刻，並不是快樂，不是嗎？你無法追求快樂。當你意識到你謙卑的那一刻，你就已經不謙卑了。所以快樂不會是你要追求的東西；快樂會不請自來。如果你刻意追求，快樂就會躲開你。

＊

三、愉悅和享受變成依賴和害怕失去

＊

我們不會真正享受什麼。我們看著某樣東西，表面上覺得好玩或興奮，產生一種我們稱之為「喜悅」（joy）的感覺。然而，喜悅是一種更深層的東西，我們必須了解且深入它。

年輕時，我們享受也喜愛各種事物，不論遊戲、衣服、讀書、寫詩、作畫，或彼此嬉鬧……年紀漸長，儘管我們仍然想要享受各種事物，但最單純的時刻已經離我們而去；我們變得更愛其他的感覺——激情、欲望、權力、地位。

＊

四、了解那個名為喜悅的東西

＊

當我們年紀漸長，生命中的事物失去了它們的意義；我們的心靈變得愚鈍、遲緩，於是我們試著去享受，我們強迫自己去賞畫、看樹、看著小孩玩耍。我們閱讀聖書或各種類型的書籍，試圖找出其中的意義、深度和重要性。然而，一切只不過是一種努力、一種痛苦，或一種掙扎。

我認為了解這種名為「喜悅」的東西很重要，也就是對事物的享受。當你看到某樣非常美麗的東西，你想要將它占為己有、你想要緊抓不放，你想要把它稱為你的東西——這是**我的**樹、**我的**鳥、**我的**房子、**我的**丈夫、**我的**妻子。我們都想要占有它，然而，就在這個占有的過程中，你曾經喜歡的那樣東西已經消失了，因為占有這個行為存在著依賴、恐懼、排他，因此曾經帶給你喜悅的那樣東西，一種內在的美好感受，消失了，生命也變得封閉……

要認識真正的喜悅，你必須往更深處探索。

＊

五、喜悅是沒有那個想要的「我」

＊

我們也許會從一個巧妙的東西換到另一個巧妙的東西，從一種細膩的感受轉到另一種細膩的感受，從一種享受變成另一種享受，然而，這一切的中心，都有個「我」——是「我」在享受，是「我」想要更多的快樂，是「我」在探查、尋找、渴望快樂，是「我」在掙扎，也是「我」希望變得愈來愈好，可是這個「我」似乎永遠沒完沒了。唯有當各種形式的「我」結束時，才會出現一種無法藉由追求得到的幸福境界、一種狂喜、一種沒有痛苦也沒有墮落的真正喜悅。現在，在我們所有的喜悅與快樂中，都有墮落，因為在這些喜悅與快樂的背後有痛苦，也有恐懼。

當心靈超越了「我」的思維，超越了這個經驗者、觀察者與思考者的思維，才可能有不朽的快樂。從我們對快樂這兩個字的定義來看，快樂不可能是永恆的。但是我們的心靈一直在追尋永恆的快樂，追尋某種可以持久、可以延續的東西。追求延續的欲望本身就是一種墮落。但是當心靈擺脫「我」時，就會有即時即地的快樂，不需要你去尋找，快樂就會來到。在這樣的快樂之中，沒有收集、沒有囤積，也沒有儲存。快樂不是你可以占著不放的東西。

＊

六、我們想要的安全感

＊

人都想要安全。當你遇到野獸、蛇的時候，或者在你過馬路的時候，你就能夠了解這樣的渴望。沒有其他形式的安全感。真的，你看著它，它就只有一種形式。你希望妻子、孩子、鄰人、各種關係可以帶給你安全感。你有母親、父親，但你們並無關聯，你還是完全孤立的——這一點我們稍後會提到。不管任何時候、任何程度，以及和任何人，都沒有所謂心理的安全感，而這是最難理解的一點。他人無法帶給你心理上的安全，因為對方是人，而你也是；他是自由的，你也是。偏偏我們都希望在關係中尋求安全感，或許透過婚姻，或許透過誓言——你明白我們在玩什麼把戲，不論對自己或對他人。這是個顯而易見的事實，不需要了不起的分析。

＊

七、了解「不安全」這個事實

＊

我們從來都不想要去接觸不安全的事物。我們都害怕陷入全然的不安全。要了解這樣的不安全感，需要很大的智慧。當一個人感到全然的不安全時，他會逃跑。或者，若一個人無法在任何事物上找到安全感，他就會失去平衡，隨時想自殺，被送入精神病院，抑或變成一個最虔誠的教徒——這些行為全都是失去平衡的表現。要了解沒有安全感的這個事實（不只是理智和字面上的了解，也不只是抱持一種堅決的態度），需要一個極度簡單、清晰與和諧的生活。

＊

八、我們為什麼一直在尋找？

＊

我們總是無止無盡地在尋找，但我們從來沒有問過為什麼要尋找。一個明顯的答案是：我們不滿足、不快樂、不幸、寂寞、不被愛、恐懼，因此我們需要抓住些什麼，需要有人保護我們，不論父親、母親或其他人，所以我們總是在尋找。

因此，首要之務並非尋找。懂嗎？有人告訴你說，你必須去尋找、去實踐真理、去找出真相、去追求、去追趕，你必須磨練和克制自己。然後，現在有人告訴你：「不要做那些事情。不要去追尋。」自然地，你的反應若不是請這個人走開，就是轉身不予理會，或者你會去弄清楚他為什麼這麼說——不是接受，也不是拒絕，而是質疑。那麼你到底在尋找什麼？

問問你自己。在尋找的人是你；你覺得生活缺少了什麼，不是實質的東西、不是一份微不足道的工作，也不是更多的金錢。我們在找什麼？我們之所以尋找，是因為我們心中對家庭、社會、文化，以及對我們自己，有深深的不滿，我們想要滿足，想要超越這種啃蝕人心又具有毀滅性的不滿足。我們為什麼會不滿？我知道不滿其實很容易就能夠得到滿足。給一個對諸事不滿的年輕人（不論他是共產黨員或革命份子）一份好工作，他就會忘記所有的不滿。給他一棟很好的房子、一輛很好的車子、一座很好的院子、很好的地位，你就會看到不滿消失。如果他能夠得到一種觀念上的成功，那種不滿也會消失。然而，你從來不問你自己為什麼不滿，不是那種有了工作還想要更好工作的不滿。在我們能夠檢視喜悅及悲傷的整個架構與意義之前，我們必須先了解不滿的根源。

第三章

思想、思考者，以及自我的牢籠

*　*

一、思考者與思想

思考者與他的思想之間有任何關係嗎？或者這個世界上其實只有思想，沒有思考者？如果沒有思想，就沒有思考者。當你有了思想，就有了一個思考者嗎？察覺到思想的短暫，思想本身創造出思考者，而思考者則讓他的思想得以永存。所以，思想創造了思考者；思考者為他自己建立起一個永恆的實體，不同於變動的思想。因此，是思想創造了思考者。思考者沒有創造思想，因為若沒有思想，就不會有思考者。思考者將他自己與本體脫離，試圖建立一種關係——思考者透過思想創造出來的所謂的永恆，與短暫或無常的思想之間的關係。也因此，不論思考者或思想，都是短暫無常的。

鍥而不捨地追求一個想法直至最終。徹底思考這個想法，檢驗它，然後為自己去發掘到底發生了什麼事。你會發現，根本沒有思考者。因為思想一旦停止，思考者也不復存在。我們以為有兩種狀態，思考者與思想。然而，這兩種狀態都是虛幻、不真實的。只有思想，以及一堆思想所創造出來的「我」，也就是思考者。

＊

二、思想是累積的記憶所做出的回應

我們所說的思想是什麼？你什麼時候思與想？顯然，思想是一種回應的結果，不論神經或心理的層面，它是一種累積的記憶所做出的回應。神經對於知覺產生立即的回應，還有來自記憶的心理回應，這種回應受到種族、群體、精神導師、家庭、傳統等影響——所有這些就是你們稱為思想的東西。因此，思想的過程其實就是記憶的回應，不是嗎？如果沒有記憶，就沒有思想；記憶對於某種特定經驗的回應，使得思想開始運作。

＊

三、思想的源頭是什麼？

＊

簡單來看，所有的思想都是對過去的回應——以記憶、知識、經驗的形式出現的過去。所有的思想都是過去的結果。過去（也就是時間、昨日，這個昨日無限延伸至過去）是我們所認為的時間，這個時間有分過去、現在和未來。時間被分成這三個部分，而且時間像條河流，不斷流動。我們把時間分割成這些片段，再從這些片段中擷取思想。

＊

四、思想無法解決問題

我並不是說必須停止思想；思想有其功用。沒有思想，我們無法工作，我們不知道自己住哪裡，我們完全無法運作。

然而，如果要對整個意識及思考的架構進行一場根本的改革，我們必須明白，建立這個社會的思想，帶著其自身的混亂，不可能可以解決問題。

＊

五、思想會增加衝突

＊

思想是安全感的本質，而安全感是大多數人想要得到的東西——安全，各種層面的安全！要為人類的意識帶來完全的改變，思想必須在一個層面上作用，而不在另一個層面上作用。思想必須自然運作，而且通常只在一個層面運作，也就是日常的層面，即生理、技術的層面，還要配合知識，但它絕不能溢流至思想不是真實存在的其他領域。如果我沒有思想，我就無法言語。然而，身為一個人類，內在的根本改變無法透過思想達成，因為思想只會在衝突中作用。思想只會增加衝突。

* *

六、人為什麼悲傷？

人類活了兩百萬年或更長的時間，卻始終沒有解決悲傷這個問題。我們一直受到悲傷折磨；悲傷是我們的影子和夥伴。失去某人的悲傷、無法實現雄心壯志的悲傷、無法滿足貪婪或野心的悲傷，還有身體疼痛、心理焦慮的悲傷、罪惡感的悲傷、希望與絕望的悲傷，這些都是人的命運，是每一個人類的命運。我們一直試圖解決這個問題，想要在意識的領域終結悲傷，採取的辦法包括逃避、逃離、壓抑、認同某一種比自己更偉大的事物、酗酒、找女人，或做盡一切事情，只為了躲避這種焦慮、疼痛、絕望，或無邊無際的寂寞與厭煩——這些都在意識的領域內，是時間帶來的結果。

＊

七、悲傷無法透過思想終結

＊

人總是把運用思想視為一種擺脫悲傷的方式，不論是藉由正確的努力、正確的思考方式、合乎道德的生活或其他。運用思想一直是人類的指引——有智慧的想法，以及其他一切想法。然而，思想是時間的結果，而時間就是意識。不論你在意識的領域內做了什麼，悲傷永遠不會結束。不論你進寺廟或喝酒都一樣。所以透過思想並無法產生任何基本的改變，只會讓悲傷延續。如果一個人看清楚這一點，那麼他就可以往另一個層次移動。我用「看」這個字，表示並非透過智識或語言，而是完全了解這個事實：悲傷無法透過思想終結。

＊

八、接受事實

＊

我們有可能不帶任何想法地看著悲傷嗎？並不是要你腦袋空空，而是要你正視它。唯有在沒有「我」的感覺干擾下，才有可能正視悲傷。你懂嗎？好比說，事實是我有暴力。我已經把我心中「不暴力」這個愚蠢的想法推開，因為那太幼稚、太不合理，也沒有意義。**本然**（What is）就是事實——事實就是我暴力。除此之外，我還看到了掙扎要擺脫暴力，想要改變暴力，想要努力改變，而這種努力本身就是暴力的一環。儘管如此，我了解暴力必須完全被改變、轉化；暴力必須有所轉變。

該怎麼做到呢？如果因為問題很難解決，就置之不理，你將錯過生命中一段不凡的狀態：毫不費力的存在，也因此具有最強的感受性，即最高的智慧。只有這樣不凡的智慧才能發現時間的限制，並超越它。你了解這個問題嗎？截至目前為止，我們把典範當作一種工具或誘因，用之擺脫**本然**，但這麼做助長了衝突、虛偽、冷酷及殘暴。如果我們將這個典範置之不理，那麼就只剩下事實。然後，我們會看到事實必須被改變，而且必須沒有絲毫衝突地被改變。任何衝突、掙扎或努力都會摧毀心靈的感受度。

所以要做什麼呢？你要做的是觀察事實，以不帶任何詮釋、解釋、認同、責難或評價的態度去觀察事實，僅僅就只是觀察。

＊

九、觀察的本質

＊

有人告訴我，藉由一種儀器的測量，可以看出電子是單向活動的，這是圖表無法顯示的。然而，當人類的眼睛透過顯微鏡看著同一個電子時，心智的觀察卻改變了電子的活動模式。換言之，人類看著電子，帶給電子不一樣的活動模式，這個模式與人類沒有介入觀察時的結果不一樣。

當你僅是觀察事實時，你會看到一種不一樣的行為，一如觀察電子的情況。當你不帶任何壓力地看著一件事實時，這個事實會經歷一種完全的轉化、改變，而且毫不費力。

*　*

十、寂寞：生活在「我」的牢籠裡

有一種寂寞的悲傷。我不知道你是否寂寞過：當你突然明白你跟任何人都沒有關係……這種寂寞是一種死亡的形式。一如我們曾說過的，死亡不一定是生命的結束，也可能是沒有答案、沒有出路。那也是一種死亡的形式：活在以自我為中心的牢籠裡，沒有釋放的一天。當你陷入自己的想法、苦惱、迷信、沉悶的日常慣例或輕忽不在意時，那也是死亡。死亡不是只有身體的終結。

想要終結它，一個人必須知道……結束悲傷是可能的。

*

十一、覺知

*

我們的探究必然不是為了解決迫在眼前的問題，而是要弄清楚心靈的運作過程，亦即存放所有傳統、記憶、種族知識傳承的意識以及深層潛意識的心靈，然後看看能否擺脫心靈的束縛。我想唯有在我們的心靈覺知到沒有任何要求或壓力時，才能做到。僅僅是覺知。我認為這種高度覺知是最難做到的事情之一，因為我們會陷入眼前的問題及眼前的解決辦法，所以我們的生活其實非常膚淺。

*

十二、正確的思考與覺知

*

正確的思想與正確的思考是兩種不同的狀態。正確的思想僅是遵從某種模式或某種系統。正確的思想是靜態的；它和選擇的不斷衝突有關。正確的思考或真正的思考需要領悟，無法透過學習或練習獲得。正確的思考是一種即時即地的自我認識活動。這種活動存在於關係的覺知當中……

正確的思考只有在覺知到每一個想法或感受時出現，這樣的覺知不僅是某一個特定的想法與感受，也是所有的想法與感受。

＊

十三、思想永遠不可能自由

＊

我們必須非常清楚地了解，我們的思想是記憶所做出的回應，而記憶是機械性的。知識永遠不可能完整，所有源於知識的思想都是有限的、不完全的，而且永遠不可能自由。也因此，思想沒有自由。但是我們可以找出一種不屬於思想過程的自由，在這種自由中，心靈僅是單純地覺知到所有衝突，以及加諸於它之上的一切影響。

第四章 洞見、智慧，以及改變

一、智力並非智慧

訓練智力並不會帶來智慧。應該說，智慧來自於一個人在智識上與情感上的完美和諧。智力與智慧之間有著極大的差異。智力只是思想脫離情感而獨立運作。當拋開情感的智力為了達到任何目標而受訓時，一個人或許可以擁有極高的智力，但不會擁有智慧，因為智慧中存在著固有的感性與理性；在智慧中，這兩種能力緊密且和諧地共存。

現代的教育旨在發展智力，它提供了愈來愈多有關生命的解釋、愈來愈多的理論，卻沒有情感的和諧。因此我們發展出了逃離衝突的狡獪心靈；我們滿足於科學家與哲學家給我們的解釋。心智滿足於這些數不清的解釋，但智慧並沒有得到滿足，因為要真正的了解，心與心智必須完全合一地運作。

透過智慧，而非僅僅是智力，真正接觸到生命的全部之前，世界上沒有任何系統可以將人從為了麵包而無盡辛勞的景況中解放出來。

＊

二、智慧和覺知可以讓問題化為灰燼

＊

所有的思考顯然都有限制；自由的思想並不存在。思考永遠不可能是自由的，因為它是我們的環境、背景、文化、情勢、風俗、社經與政治經驗的總和。你閱讀的所有書、你做的所有練習，全都建構在這樣的背景上，因此任何思想必定都是這個背景下的產物。所以我們若能覺知，而且可以明白覺知的意義，或許我們就可以解除心靈的限制，不必經過意志的歷程，也不必有解除心靈限制的決心。因為在你下定決心的那一刻，就有了一個抱著希望的主體，一個說著「我必須釋放我的心靈」的主體。這個主體本身其實就是我們冀望達成某種目的的結果，也因此已然存在了一個衝突。所以，有可能只是單純地覺知我們的限制嗎？沒有任何的衝突。這樣的覺知，若真的出現，也許就可以解除問題。

三、腦袋沉靜才有了解

＊　＊

現在我們來談談，你什麼時候會了解？了解何時出現？我不知道你是否注意到，在心靈非常沉靜的時候，就會有了解，即使只有短短一秒鐘；了解如靈光乍現，即便話語和文字呈現的思想無法帶來理解。只要經驗過，你就能體會到這種瞬間的了解，那種即時的深刻了解，只在心靈非常平靜、思緒完全空靈，以及心靈不受任何吵雜勞累時閃現。因此，對於任何人事物的了解，不論是一幅現代畫、孩子、妻子、鄰居，抑或是存在於萬事萬物中的真理，唯有在心靈非常沉靜的時候才會出現。然而，這樣的沉靜無法藉由培養而來，因為如果你培養一顆沉靜的心靈，那將不是沉靜的心靈，而是一個死的心靈。

想要了解，必須擁有一個沉靜、安靜的心，這一點對於那些已經體驗過的人來說不證自明。你對某樣東西的興趣愈高，你想了解它的意圖就愈高，而你的心就愈簡單、澄澈與自由。然後，思想轉換成話語和文字的過程就停止了。畢竟，思想是話語和文字，干擾了解的東西也是話語和文字。在挑戰與回應之間的，就是文字的屏幕，亦即記憶。回應挑戰的是話語和文字，我們稱之為思維活動。所以，喋喋不休、將思維轉成話語和文字的心靈，無法了解真理，我指的是存在於關係之間的真理，不是抽象的真理。抽象的真理並不存在。真理模糊難明，也難以依循。它來得快、來得神祕，心靈無法掌握。它猶如夜晚的竊賊，偷偷地來，不是在你準備接收時出現。你的接收不過是貪婪的邀請。

因此，陷入話語和文字的心靈無法了解真理。

*

四、智慧因分析而折損

*

如果我可以提出建議，那麼我要建議的第一件事，便是請你去了解你為什麼會以某種特定的方式思考、為什麼會以某種特定的方式去感受。不要試圖改變它，也不要試圖分析你的想法或情緒；你要做的只是意識到你為什麼以特定的軌跡思考，以及你行事的動機。即使你可以藉由分析找出動機或發現一些事情，那也不是真的；唯有當你專心覺知你的思想與情緒運作，你發現的事情才是真的；然後你才會看到這些事情不凡的細膩與微妙之處。只要你抱持著「必須」以及「必須不」的心態，在這樣的衝動下，永遠無法發現思想與情感的快速轉動。我確信你是在「必須」以及「必須不」的學校中成長，因此你已經摧毀了思想與情感。你受到系統、方法、師長的制約與殘害。所以，請拋下所有的「必須」以及「必須不」。這並不代表放縱，而是要開始覺知那個一直在說「我必須」以及「我必須不」的心靈。然後，一如清晨綻放的花朵，智慧會跟著出現，駐足、運作，創造出了解。

＊

五、從自我中解放

＊

要將心靈從所有的限制中釋放出來，你必須不帶任何想法地看到完整的心靈。這不是什麼難解之謎，試試看你就知道。你曾經不帶任何想法看著任何東西嗎？你曾經不帶任何反應地聆聽與注視嗎？你會說，不可能不帶想法地去看；你會說，沒有任何心靈是不受限制的。當你這麼說的時候，你就已經透過思想封閉了自己，因為事實是，你並不知道。

一如不帶想法地去看，心靈可以單純地只是覺知到它自己的限制嗎？我想它可以。請試試看。你是否可以不論對錯，單純地覺知到你是個印度教徒、社會主義者、共產主義者，或其他？由於僅僅看到就已經是如此困難的課題，所以我們說不可能。我說，唯有當你不帶任何回應地覺知到你完整的存在時，限制才會完全從深處離開——這才是真正的從自我中解放。

*

六、無知是缺乏自我認識

*

無知是缺乏對自我的知識，而這樣的無知並無法藉由表面的活動與改變來驅除；然而，這樣的無知可以藉由一個人不斷覺知自我在所有關係裡的活動與回應來驅除。

我們必須了解，我們不僅受制於環境，我們**就是**環境，我們無法與環境分割。我們的思想與回應全都受到我們身為其中一份子的社會加諸於我們身上的價值所限制。

*

七、我們成了「我們應該是什麼樣子」的複製版

*

我們從未視我們就是整個環境，因為我們之中有好幾個主體，全繞著「我」運行，也就是「自我」。自我是由這些主體組成的，亦即不同形式的欲望。而從這個欲望的聚合物中，出現了思考者、「我」以及「我的意志」這個中心人物；自此，自我與非自我，即「我」與環境或社會之間，出現了分歧，而這種分裂也是衝突的開始。

對於上述這個完整過程的覺知，包括意識與潛意識的層面，就是冥想；藉由冥想，帶著欲望與衝突的自我得以超脫。一個人若想擺脫給予自我庇護的各種影響與價值觀，

就必須有自我認識；唯有在這樣的自由中，創造、真理、上帝才會存在。

從我們年幼起，各種意見與傳統便建構了我們的思想與感受。這種隨時的影響與印象產生強而有力且持續的效果，塑造出我們有意識與無意識的生命道路。透過教育以及社會的影響，我們從小就學會服從。

模仿的欲望是我們生命中非常重要的因素，不僅表現在外，深遠的層面亦然。我們幾乎沒有任何獨立的思想與感受。當獨立的思想與感受真的出現時，也僅是回應，並沒有真正擺脫既定的模式，因為回應並沒有自由……

當我們內在有所依賴時，傳統便掌控了我們，一個遵循傳統思想的心靈，無法發現新的事物。因為服從，我們都成了平庸的模仿者與冷酷社會機器裡的小螺絲釘。其實重要的是我們怎麼想，而不是其他人**想要**我們怎麼想。當我們遵循傳統時，我們很快就成了「我們應該是什麼樣子」的複製版。

這種對我們應該是什麼樣子的模仿，孕育出恐懼；恐懼又扼殺了創造力。恐懼讓心靈愚鈍，於是我們察覺不到生命完整的意義；我們對自己的悲傷無感，對鳥兒的活動、其他人的微笑與悲傷，也無動於衷。

八、知識、理智、智慧

＊　＊

知識無法與智慧相比，知識也不是理智。理智無法買賣，也無法學習或訓練。書中找不到理智；理智無法累積、記憶或儲存。理智伴隨著克己而來。擁有開闊的心靈比學習更重要；我們可以擁有開闊的心靈，但不是藉由將心靈塞滿資訊，而是透過覺知我們自己的思想與感受、仔細觀察我們自己與周遭的影響、聆聽其他人、留意富人與窮人或有權勢者與身分卑微者。理智不會經由恐懼與壓迫出現，只會透過觀察與了解人類的各種關係而來……

智慧則要比理智更深遠，因為智慧是理性與愛的整合；然而，唯有當一個人對自我認識這種對於自身完整的過程具有深刻的了解時，才能夠擁有智慧……我們必須在集體與個人兩個層面上，覺知到我們的限制以及我們所做出的回應。

一個人唯有在完整覺知到自我的活動以及衝突的欲望與追求、希望與恐懼時，才有可能超越自我。

只有愛與正確的思想能帶來真正的改變，也就是我們內在的改變。

第五章 逃避、娛樂、歡愉

*

一、刺激會讓心靈因為依賴而變得愚鈍

*

人類因為自動化、電子化、人工智慧及其他更多的發展，而有了愈來愈多的閒暇。這些閒暇時間不是被用來找樂子（可能是宗教娛樂，也可能是各種型態的消遣），就是花在愈來愈多摧毀人與人關係的目的，再不然就是有了這些閒暇以後，有人轉向內心探索。只有這三種可能。科技層面上，人類可以上月球，但那並不能解決人類的問題。把閒暇時間花在宗教或其他娛樂休閒之上，也一樣無法解決人類的問題。上教堂或寺廟、信仰、遵守教義、閱讀聖典，所有這些活動事實上都只是一種娛樂。又或者，有人會深

刻地自省吾身，質疑數百年來人類所創造出來的每一種價值，並試著找出有沒有比腦子製造出來的產品更了不起的東西。世界各地有各種不同族群的人，正在反抗那些藉由不同型態的毒藥及否定各種型態的社會活動，所建立起來的秩序。

請聽我說，我從未吸食任何毒品，因為對我而言，任何型態的刺激，譬如聽演講受到的刺激，或者是酒精、性、毒品、望彌撒、進入某種心神狀態，絕對都是一種傷害，因為任何形式的刺激，不論多麼輕微，都會讓心靈因為依賴而變得愚鈍。刺激會造成特定的習慣，讓心靈變得遲鈍。

＊

二、逃避是想要忘記自己

＊

我們所有的衝突和野心其實都很渺小、很微不足道，因此我們想要讓自己認同某樣東西。認同的對象如果不是上帝，就是國家……政府、領導者或社會。如果都不是這些，那就是理想國這種很遙遠的東西，或者是我們將要建立的一種令人驚嘆的社會；在建造它的過程中，你會摧毀很多人，但你一點都不在意。如果你不相信上述那些東西，你相信的是過上一段好日子，在物質世界中忘記自己，這樣的人稱為唯物論者，而在精神世界中忘記自己的人稱為唯心論者。這兩種人懷有同樣的企圖，差別只在於前者是要在電影院裡忘記自己，後者則是要在書本和儀式中、坐在河岸旁的冥想中，或克己的生活中忘記自己，也就是拋開任何負擔，在某種行為或對某種事物的崇拜中迷失自己。因為一個人覺得自己渺小，於是就有了迷失自己的欲望。年輕的時候，或許自我對你而言並不渺小。然而，隨著年歲增長，你會看到自我中的實質是多麼稀少，其中的價值又是多麼微不足道；它就像個影子，幾乎沒有任何實質，充斥著掙扎、痛苦和悲傷。於是一個人很快就對自我感到厭煩，然後為了忘記自己，便開始追求其他的事物。這就是我們所有人都在做的事情。有錢人想要在夜店、樂園、車子、旅行中忘記他們自己。聰明的人因為想忘記他們自己，所以開始發明或擁有異於常人的信念。愚鈍者因為想要忘記自己，所以他們追隨人群，他們聽精神導師告訴他們該做什麼。野心勃勃的人想在工作中忘記自己。我們所有人，隨著年紀增長、年華老去，都想忘記自己，於是我們試著去尋找一些比較偉大的事物好投注我們的認同。

*

三、逃避自己便落入奴隸

*

集體逃避是追求安全感的最高表現。面對事物的本然，我們才能處理它；逃避則無可避免地讓我們又愚又鈍，淪為感覺與混亂的奴隸。

＊

四、依賴代表生命的空虛

＊

因為渴望感受，所以我們對音樂執著、想把美麗的事物占為己有。依賴外在的形貌與形體，代表我們自己本身存在的空虛，然後我們再用音樂、藝術與刻意的沉默來填充這份空虛。就是因為這種一成不變的空虛被填入或覆上了感覺，所以我們才會對本然，也就是我們的真實面貌，有無盡的恐懼。感覺有始也有終，它們可以重複，也可以擴張；體驗並不受時間所限。重要的是體驗，但體驗在追求感覺的過程中被排除了。感覺是狹隘的、個人的，它們會帶來衝突與苦惱；但是體驗不只是重複同一個經驗，唯有體驗才有重生和蛻變。

＊

五、為什麼性會成為最普遍的逃避方式？

＊

性為什麼會成為我們生活中一個嚴重的問題？讓我們不抱任何強迫、焦慮、恐懼或責難的態度深入探討一下。性為什麼會變成一個問題？不可諱言，性對你們大部分人來說，都是一個問題。為什麼如此？或許，你從未問過自己這個問題。我們來找答案吧！

性之所以是個問題，似乎是因為自我在這個行為中缺席了。那一刻你很快樂，因為自我意識，亦即「我」，被切斷了；想要更多的性，更多的自我拒絕，這樣的行為中有完整的快樂，既沒有過去也沒有未來，透過完整的結合、融合，得到的是完全的快樂，因此性自然變得最重要，不是嗎？因為性可以帶給我們純粹的快樂、完整的自我遺忘，所以我們想要更多。問題是，為什麼想要更多？因為在其他地方，我們都身處在衝突中，不論在任何地方，不論在生活的任何階段，自我都愈來愈強大。從經濟面、社會面與宗教面來看，自我意識的複雜化都在加深，這就是衝突。

畢竟，當衝突出現時，自我意識才會出現。自我意識在本質上就是衝突的結果，所以我們不論到哪裡都身陷衝突。我們與資產、與人、與各種思想的關係裡，都存在著衝突、痛苦、掙扎、苦惱。然而，在性這個行為中，所有這些關係都停止了。很自然地，你會因此想要更多的性，因為當其他所有事情都引領你走向苦惱、混亂、衝突、困惑、反感、戰爭、毀滅時，性會為你帶來快樂，所以性成為最有意義、最重要的一件事。也因此，問題不是性，而在於如何擺脫自我。你已經品嚐過沒有自我的狀態，即使只有幾秒鐘或一天，並且用這段時間做你想做的事情；而自我存在的地方就會有衝突、苦惱、紛爭，因此人總是不停地渴望擁有更多沒有自我的狀態。所以最主要的問題是衝突與否認自我。你追求的是快樂，在那個狀態中，自我以及所有隨之而來的衝突都不存在，你在這個行為中找到了瞬間的快樂。或者你折磨、掙扎、控制、壓抑以擺脫自我——這表示你追求的是脫離衝突，因為沒了衝突，你就會找到快樂。如果真的可以從衝突中解放，那麼生活的不同階段都會有快樂。

＊

六、喜悅有什麼不對？

＊

現在來看看……一個人為什麼不應該覺得喜悅？你看到漂亮的夕陽、美麗的樹、寬廣的河流，或是一張沉魚落雁的臉蛋，望著這些，都能讓你得到很大的快樂和愉悅。這有什麼錯？我認為混亂與苦惱就始於那一張臉、那一條河、那一片雲、那一座山，當這些成了記憶，這份記憶就開始要求延續更長的愉悅；我們想讓這些事情不斷重複。這些事情我們都知道。我曾經有過某種愉悅，或者你曾經因為某件事物很開心，我們都希望這樣的愉悅與開心能夠重複。不論這是性，或是與藝術、智識相關的事物，抑或是不一樣的事物，我們都希望它能重複出現。我想這就是喜悅開始讓心靈變得黑暗、開始製造出虛偽、非真實價值的時候。

重要的是去了解喜悅，而不是擺脫喜悅。那樣做太愚蠢了。沒有人可以擺脫喜悅。但是了解喜悅的本質與結構很重要；因為人生若只有喜悅、一個人若只想要喜悅，那麼喜悅就會帶來苦惱、混亂、虛幻、虛偽這些我們製造出來的虛偽價值，然後就再也沒有清明的心。

＊

七、當喜悅無法被滿足時

＊

一個人可以了解自我實現的喜悅、功成名就的喜悅，或當個被認同的作家、畫家、偉人的喜悅嗎？一個人可以了解統治的喜悅、金錢的喜悅、誓言終身的喜悅、體驗許許多多事物的喜悅嗎？一個人可以看見當喜悅無法被滿足時，挫敗、苦惱、憤世嫉俗等感覺的開始嗎？我們不僅必須從生理層面，也要從心理層面去覺知這一切，接著我們才可以問：什麼地方藏著想要追求喜悅的欲望？

＊

八、喜悅是填滿空虛嗎？

＊

這世上有兩種空虛。一種空虛是身處其中的心靈望著自己說：「我很空虛。」另一種是真正的空虛。我想要填滿空虛，因為我不喜歡那種空虛、那種寂寞、那種孤立、那種與萬事萬物完全隔絕的感覺。我們每一個人必定都曾經有過那樣的感覺，不論那是淺淺的、出於意料之外的感受，抑或非常濃烈的感受。當一個人察覺到那種空虛的感覺時，必然都想要逃離，於是我們嘗試利用知識、藉由各種關係、要求男女之間的完美結合，以及所有林林總總的事情來掩蓋它。這就是實際的情況，不是嗎？我沒有虛構任何故事。如果一個人曾經觀察過自己，並稍微深入地檢視過自己（不需要非常深入，我們之後才需要這麼做），就會知道這是事實。他會發現，當心靈認定自己很空虛時，就會製造出沒有盡頭的寂寞與空虛，也製造出一種衝動，一種想要被滿足、想要用某種東西掩蓋空虛的巨大衝動。

於是，無論是有意識或無意識的，一個人會覺知到這種狀態——我其實不喜歡用**空虛**這個字眼，因為空虛是個美麗的詞彙。如同杯子、房間只有在空的時候才有用處；杯子裡若裝滿了液體，房間裡若堆滿了家具，就沒有用處了。偏偏我們大多數人在空虛的時候，都會用各種噪音、歡樂以及不同型態的逃避來填充自己。

*

九、了解喜悅並不等於否認它

*

若不了解喜悅，痛苦就沒有盡頭……

了解喜悅並不等於否認喜悅，因為喜悅是人生基本的需求。當你看到一棵漂亮的樹、一輪美麗的夕陽、一抹可愛的微笑、一片樹葉上的光芒，你真正的享受它，這就是極大的快樂。

*

十、不要把思想帶進去

*

當你看到某樣非常美麗的事物，充滿生命力又如此美麗時，你絕對不能讓思想滲入，因為當思想接觸到它的那一刻，已經老舊的思想就會阻止它進入喜悅，然後你會出現對喜悅的渴望，以及想要更多喜悅的要求；當這些要求無法被滿足時，就會產生衝突和恐懼。那麼，不帶任何思想地去看一樣東西，可能嗎？

第六章 我們為什麼應該改變？

＊

一、你改變了，世界就跟著改變

＊

了解自我，僅僅做到這件事，就可以帶來根本的變革、帶來重生，因此你一定會想要了解自我運作的完整過程。個人的改變過程並非與世界、眾人的改變對立，因為眾人跟你是不可分割的——你就是眾人。

＊

二、我們為什麼想要改變？

＊

首先，我們為什麼要改變**本然**或希望改變？為什麼？因為我們對自己不滿，而這些不滿製造出衝突、動亂。因為我們不喜歡這樣的狀態，所以我們想要更好、更高貴、更理想的東西。於是我們希望轉變，因為我們覺得痛苦、不安、衝突。

＊

三、改變本身就是必要的

＊

當你徹底改變時，你不是為了社會而改變，也不是因為你想做好事、上天堂、接近上帝，或任何其他原因。你改變是因為改變本身就是一件必要的事。如果你因為一個東西的本身而愛那樣東西，就能帶來清明的心，而這份清明會為人類帶來救贖——做好事與改革並不能帶來救贖。

＊

四、讓世界蛻變的是內在而非外在的改變

＊

談論、爭執、解釋永無盡頭。談論、爭執、解釋也無法導出直接的行動，因為要有直接的行動，我們必須徹底與根本地改變。這一點無庸置疑。他人的說服、依循公式，或受他人的影響，都無法讓我們產生根本的改變，至少不是深層意義的那種改變。我們

的確需要改變，但不是根據任何特定的思想、公式或概念去改變，因為當我們對行動產生想法時，行動就停止了。在行動與思想之間有一段間隔期、一段延滯，而在這段時間內，既不存在著對那些思想或公式的抗拒、服從或仿效，也沒有試圖將這些思想或公式付諸行動。這就是我們大多數人一直在做的事情。我們知道自己必須改變，不僅外在的改變，也要進行深刻的、心理的改變。

外在的改變有許多種。這些改變迫使我們遵循某種行為模式。然而，若想面對日常生活中的挑戰，就必須有深刻的改變。大多數人對於自己應該或必須成為什麼樣的人，都有一定的想法或概念，但是我們從未有任何根本的改變。應該成為什麼樣的人的想法與概念，無法讓我們改變。我們只有在絕對必要的時候才會改變。一旦我們想要改變，就會有許多矛盾與抗拒，然後我們會花費極大的精力去抗拒、去建構障礙……

想要有良善的社會，人類就必須改變。你和我必須找到帶來這種心靈改變的力量、衝勁與活力，如果我們沒有足夠的力量，是無法做到的。我們需要許多力量才能帶來內在的改變，偏偏我們在衝突、抗拒、遵循、接受、服從等等的行為上浪費了太多精力。當我們試圖遵循某種模式而行，就是在浪費力量。若想保存力量，我們必須了解自己以及我們如何浪費力量。這是一個存在已久的問題，因為大多數人都很懶惰，他們寧願接受和服從。如果我們明白這種懶惰、這種深植的倦怠，並且試著加快心靈的活動，它也會變成一種衝突，一種力量的浪費。

如何保存力量是眾多問題之一，這種力量是在意識中產生爆發力的必要條件——這種爆發力無法透過設計而來，也無法藉由思想組成，只會在力量沒有被浪費的時候自然而然地發生……

我們現在談論的是聚集所有的力量，以期帶來意識本身徹底的變革，因為我們必須有新的心靈；我們必須用完全不一樣的角度來看待生命和生活。

第七章　生命的目的何在？

＊

一、生命的目的何在？

＊

生命的重要性在於生活。我們真的活著嗎？當生命存在著恐懼、當我們被教育要去模仿、複製時，生命還值得活嗎？當我們追隨權威時，我們真的是在生活嗎？當你追隨某個人，即使那個人是最偉大的聖人、政治家或學者，你是在生活嗎？

如果你觀察自己的行事方式，你會發現除了仿效他人，你一無所為。這種仿效的過程，我們稱之為「生活」，然後在活著的終點，你會問：「生命的意義是什麼？」對你而言，生命這時已經沒有意義了。唯有在你揚棄所有這類權威時，生命才有意義。然而，揚棄權威是件非常困難的事。

揚棄權威是什麼意思？你可以犯法，但這不是揚棄權威。唯有了解完整的心靈運作過程，了解心靈如何創造權威，了解我們每一個人為什麼會感到困惑並因此想確保自己過著正確的生活，你才能得到自由。由於我們想要其他人告訴我們該做什麼，因此不論在精神上與科學上，我們都受到精神導師的利用。只要我們是在複製、模仿、追隨，我們就無法知道生命的意義。

當一個人只想追求成功時，要如何知道生命的意義？那是我們的生命。我們想要成功，我們的內在、外在都想要完全的安全感，我們想要別人肯定我們做的事情是正確的，也就是說我們正循著正確的道路走向救贖……我們全部的生命都在遵循一個昨天或千年以來的傳統，我們把每一個經驗都當成幫助我們達成某個結果的權威。於是，我們都不知道生命的意義。我們只知道恐懼——恐懼其他人說的話、恐懼死亡、恐懼得不到我們想要的東西、恐懼犯錯、恐懼行動。我們的心靈是如此混亂、如此糾結於理論當中，以致於我們無法描述生命對我們的意義。

生命是非常不一樣的東西。當提問者問出：「生命的意義為何？」他想要的是一個定義，而他知道的也將只有這個定義，僅僅只是文字，沒有更深層的意義、沒有非凡的豐富度，也沒有對美以及生命無垠的敏銳度。

二、何謂生命？

＊　＊

所以，討論何謂生命的意義時，我們必須找出我們所謂的「生命」以及「目的」是什麼——不僅是字典上的定義，還包括了我們賦予這兩個詞彙的重要性。當然，生命包含了每日的作為、思維、感覺，不是嗎？生命也包含了掙扎、痛苦、焦慮、欺騙、憂心、例行事物、生意、官僚系統等等。這些全都是生命，不是嗎？我們所謂的生命，不只是意識的一個層面，而是存在的所有過程，也就是我們與事物、與人、與思想的關係。這才是我們所謂的生命。它不是什麼抽象的東西。

因此，如果這是我們所謂的生命，那麼生命有目的嗎？或者因為我們不懂生命的方式，也就是每天的痛苦、焦慮、恐懼、野心、貪婪，因為我們不懂生命的日常活動，所以我們需要一個目的，不論是遠程、近程、遙不可及，還是觸手可及的目的。我們就是想要一個目的，這樣我們才能引導每天的生活繼續下去，直至終點。這顯然就是我們所謂的目的。然而，如果我明白如何去活，那麼活著這件事本身就已足夠，不是嗎？

畢竟，是我的成見、我的需要、我的渴望、我的偏好決定生命的目的是什麼。因此，我的渴望創造出了目的。當然，這並不是生命的目的。找到生命的目的，抑或讓心靈從自身的限制中得到釋放，哪個更為重要？又或許，當生命擺脫了自身的限制而獲得自由時，那份自由即是生命的目的。畢竟，一個人只有在自由時才能發現真實。

因此，第一個必要條件是自由，而不是尋求生命的目的。

＊

三、生命的目的是什麼？

＊

生命的重要性是什麼？生命的目的是什麼？你為什麼會問這樣的問題？當你內心一片混沌，周遭又混亂不安時，你就會問這樣的問題。當你感到不確定時，你就會想要確定的東西。你會想要一個明確的生命目的、明確的目標，因為在你心裡，你不確定……

所以重要的並不是生命的目的，而是了解那種只要身處其中就會讓人變得悲慘、恐懼，以及其他所有這類會帶來混亂的感受。我們並不了解這種混亂，只想擺脫它。然而，真實的狀況就在眼前，不在他處。一個憂心不安的人不會去問生命的目的為何，他會煩惱著如何清除這種讓他身陷其中的混亂與悲傷。

＊

四、了解我們日常的磨難，不要逃避

＊

要了解生命的意義，我們必須了解複雜生活中的磨難；我們無法逃離這些磨難。我們每一個人都必須了解我們生存的社會（不是透過某位哲學家、老師或精神導師），我們的生活方式必須改變，完全地改變。我認為這才是我們必須要做的最重要的事情，沒有其他事比它更重要。

＊

五、我們為什麼活著？

＊

提問者：我們活著，卻不知道為什麼。對我們許多人而言，生命似乎沒有意義。您可以告訴我們，活著的意義與目的嗎？

克里希那穆提：你為什麼會問這樣的問題？你為什麼要我告訴你生命的意義、生命的目的？我們所謂的生命是什麼？生命有意義、有目的嗎？難道生活本身不能是生命的目的與意義嗎？我們為什麼還需要更多？那是因為我們對自己的生命是如此的不滿足，我們的生活是如此空虛、庸俗與乏味，一再重複著同樣的事情，我們想要更多的東西，一些不同於我們正在做的事情的東西。正因為我們每天的生活如此空虛、乏味、沒有意義、無聊、令人忍無可忍，所以我們說生命必須有一個更圓滿的意義，這就是你問我這個問題的理由。當然，一個活得豐富、看見事物本然、滿足於自己所有的人，不會感到混亂；他很清明，因此他不會去問生命的目的是什麼。對他來說，生命本身既是開始，也是結束。我們的難題在於因為我們的生活空虛，所以我們想要找出一個生命的目的，然後奮力去達成。這樣的目的僅是思考層面的產物，沒有任何真實性。當一個愚鈍的心靈或一個空虛的內心在追求生命的目的時，這個目的也會變得空虛。因此我們的目的在於如何讓我們的生命豐富，不是用金錢或其他工具，而是讓生命的內在變得豐富。這不是什麼祕密。你說生命的目的是快樂、生命的目的是找尋上帝，但找尋上帝的冀望無疑是一種對生命的逃避，你的上帝也僅是一個已知的東西。你只能朝著一個你知道的目標前進；如果你建造了一段通往你稱為上帝那種東西的階梯，那麼這種東西就絕對不會是上帝。只有在生活中才能了解真實，逃避做不到這一點。當你尋找生命的目的時，你其實是在逃避，而且你並不了解生命是什麼。生命是一種關係，而生活則是關係中的行動；當我不了解關係，或者當關係令人混亂時，我才會去尋找一個更圓滿的意義。我們的生命為何如此空虛？我們為何如此寂寞、心灰意冷？那是因為我們從來沒有檢視過我們自己的內在，也沒有了解過自己。我們從來不向自己承認，這個生命是我們所知的一切，因此我們應該完整、徹底地了解這個生命。我們寧願逃離自己，這也就是為什麼我們在關係以外的地方尋找生命的目的。如果我們了解行動，也就是我們與人、與資產、與信仰、與思想之間的關係，我們會發現關係本身就帶來了它的報償。你不需要去追尋。一如愛的追尋。你可以靠追尋找到愛嗎？愛無法培育。你只能在關係中找到愛，在關係之外是找不到愛的，而我們因為沒有愛，所以想要一個生命的目的。有愛的時候，愛就是它自己的永恆，不需要尋找上帝，因為愛即是上帝。

就是因為我們的心靈充斥著技術與迷信，這些東西喃喃說著我們的生命如此空虛，因此我們在自己之外尋找生命的目的。想要找到生命的目的，我們必須穿越我們自己的那扇門。然而，不論在意識層面或無意識層面，我們都在閃躲，不去面對事物的本然，於是我們想要上帝為我們開啟一扇生命之外的門。只有那些不愛的人才會問出這種跟生命目的有關的問題。愛只能在行動中找到，而行動就是關係。

第二部

自我認識：自由之鑰

「一個人應該用什麼樣的態度過每一天？」
就像一個人只有一天或一個小時的生命那樣的態度。

第一章 恐懼

*

一、內在與外在的恐懼

*

我們都背負著恐懼，不只外在，也有內在的。外在的恐懼如害怕失去工作、害怕食物不足、害怕地位不保，或害怕遇到不好的老闆。內在也存在著許多恐懼，像是害怕做不到、害怕不能成功、害怕死亡、害怕寂寞、害怕沒有人愛、害怕覺得厭倦，以及其他種種的恐懼。

＊

二、恐懼妨礙了心理的自由

＊

因此，我們的第一個問題，也是我們真正根本的問題，就是擺脫恐懼。你知道恐懼的作用嗎？恐懼會遮蔽心靈，讓心靈變得遲鈍。恐懼會衍生暴力。恐懼會讓人去崇拜某樣事物。

＊

三、生理恐懼是動物性的反應

＊

人類有一種屬於動物性反應的生理恐懼，因為我們承襲了許多動物本能；我們的腦部結構有很大一部分傳承自動物。這是一個科學事實，並非理論，而是現實。動物是暴力的，人類也一樣。動物貪婪、喜歡被寵愛、好逸惡勞，人類也一樣。動物具有學習與競爭性，人類也一樣。動物過著群居生活，人也喜歡群體運作。動物有社會結構，人類也一樣。我們還可以列出更多相同之處，但這些例子已足夠讓人了解我們仍保有許多動物性。

＊　＊

四、我們能夠擺脫動物性與文化限制嗎？

有沒有可能，我們在擺脫動物性的同時，往前跨步，看看心靈能否超越其成長的社會與文化的限制？不只是口頭探究，而是實實在在去找出來。去發現、去遇見完全不同範疇的事物，必定能夠擺脫恐懼。

＊　＊

五、逃避恐懼只會壯大恐懼

顯然，自我保護的反應並不是恐懼。我們需要食物、衣物及遮風蔽雨的地方，所有人都需要這些，不只富有者或高位者。每個人都需要這些東西，這些東西無法依靠政治人物來解決。政治人物把這個世界分成不同國家，好比說印度，每個國家擁有獨立的主權政府、獨立的軍隊，以及各種關於國家主義的有毒空話。其實政治問題只有一個，那就是如何帶來人類的團結。如果你堅持自己的國籍、堅持微不足道的分歧……那麼人類團結永遠不會實現。各位讀者，房子燒起來時，你不會去談論救火的那個人，也不會談論縱火者的髮色，你會去提水救火。國家主義讓人分裂，一如宗教，這種國家主義的精神與宗教信仰都讓人分化，讓人彼此對立。我們可以看到這樣的情形如何發生。我們都喜歡住在自己的小水窪裡。

因此，人必須從恐懼中解脫，這是最困難的事情之一。我們多數人並沒有意識到自己正在害怕，也沒有察覺到自己害怕的是什麼。即使知道自己在怕什麼，我們也不知道該如何處理，於是我們逃離真實的自己，也就是恐懼。然而，我們的逃避讓恐懼更壯大，而且，遺憾的是，我們發展出一片逃避的網絡。

＊

六、恐懼的根源

＊

恐懼如何發生的？不論是對未來的恐懼、怕丟了工作的恐懼，還有對死亡、生病及痛苦的恐懼。恐懼代表著思考未來或過去的一段思想的過程。我害怕明天、害怕可能發生的事情。我害怕死亡，儘管我和死亡之間仍有段距離，我依然害怕。那麼，造成恐懼的原因是什麼？恐懼的存在總是與其他事物有關，否則就不會有恐懼了。因此，一個人會害怕明天，害怕過去曾經發生的事或未來將發生的事情。什麼東西引發懼怕？難道不是思想嗎？

七、思想是恐懼之源

＊　＊

思想孕育出恐懼。一想到自己丟了工作或可能丟了工作，這個想法就會創造出恐懼。思想總是把它自己投射到時間裡，因為思想就是時間。我想到自己曾經生過病，而我不喜歡病痛，因此我害怕病痛可能會再次出現。曾經有過病痛的經驗，然後一直想著病痛，但又不想再經歷病痛，於是就會產生恐懼。恐懼其實跟愉悅很像。我們大多數人都想要追求愉悅的感覺。對我們而言，一如動物，愉悅是最重要的事情。然而，愉悅也是思想的一部分。想到某個曾經帶給我愉悅的事物，愉悅感就增加了。不是嗎？你沒注意到這一切嗎？不論是美麗的夕陽還是性，只要你有過愉悅的經驗，你就會想要更多的愉悅。想起愉悅的經驗就會增加愉悅，一如想起病痛的經驗就會帶來恐懼。因此是思想創造了愉悅與恐懼，不是嗎？換言之，愉悅的需求與持續，歸因於思想；恐懼的形成與發生，也歸因於思想。要看清楚這一點，這是實實在在的經驗事實。

接下來，我們會自問：「不去想愉悅或痛苦，可能嗎？只有在需要思想的時候才去想，其他時候不做任何思想，可能嗎？」各位讀者，當你在辦公室上班時、當你在做一份工作時，思想是必要的，否則你無法做任何事情。當你說話、寫字、交談、走進辦公室時，思想都是必要的。思想必須精準且客觀地發揮功用。也因此，思想絕對不能受到喜好或傾向左右。思想確實必要，但在其他的行動領域中，思想也是必要的嗎？

請各位聽我說。對我們而言，思想極其重要，也是我們唯一的工具。思想是記憶的反應，而記憶是由經驗、知識及傳統累積而成；記憶是時間的結果，承襲於動物。我們就是在這樣的背景脈絡下做出反應。這個反應就是思想。思想在某個程度上是必要的。然而，當思想在心理層面上將它自己投射成未來及過去，它就會製造出恐懼與愉悅。在這個過程中，心靈變得愚鈍，也因此無可避免地變得無法行動。各位讀者，一如我們之前所說，恐懼源自於思想，也就是我會失去工作的想法、我的妻子會與其他人私奔的想法，以及死亡、過去發生的事情，還有其他各種想法。不論在心理或自我保護的層面，思想可以停止想著過去或未來嗎？

＊

八、思想有可能終止

＊

因此，一個人會問：「思想有沒有可能終止，然後一個人可以完整而圓滿地活著？」你是否曾注意過，當你全神貫注於某件事物時，既不會有觀察者，也不會有思考者，那個思想的中心根本不存在。

＊

九、全神貫注便能終止恐懼

＊

當你完全且徹底地關注某件事物，便沒有觀察者了。孕育恐懼的正是觀察者，因為觀察者是思想的中心；孕育恐懼的是「我的」、「我」、「自己」、「自我」；觀察者就是審查者。不思想的時候，也就沒有觀察者。這種狀態並非完全空白。這樣的狀態需要大量的探詢——什麼都不接受。

＊

十、所有恐懼的根源

＊

依賴人事物或思想都會孕育出恐懼。依賴出自於無知、缺乏自我認識，以及內心的貧乏。恐懼引起心靈的不安、阻礙溝通與了解。藉由自覺，我們會發現並理解恐懼的原因，不僅是表面的恐懼，還有深刻的恐懼與累積的恐懼。恐懼有先天的也有後天的；恐懼與過去有關，若要讓思想和感覺免於恐懼，一定要透過當前去了解過去。過去永遠都想創造出能夠與「我」、「我的」及「自我」融為一體的記憶。自我是所有恐懼的根源。

第二章　憤怒與暴力

*　*

一、憤怒可能是自大

憤怒具有孤立的特質；一如悲傷，它讓人與外界隔絕，所有關係都會停止，至少暫時如此。憤怒帶有孤立的短暫威力與生命力。憤怒中蘊含一種奇特的絕望；因為孤立就是絕望。失望與嫉妒的憤怒、想傷害人的憤怒，都會釋放出暴力，並帶有自我合理化的愉悅。我們譴責他人時，譴責本身就是我們正當的理由。若沒有堅持某種態度，不論是自以為是或自我貶抑，我們會是什麼？我們用盡一切手段支持自己；而憤怒，一如憎恨，是最簡單的方式之一。單純的生氣或一股很快就拋諸腦後的怒氣是一回事；然而，刻意醞釀的憤怒，且目的是在傷害或摧毀，又是另外一回事。

＊

二、憤怒的生理與心理根源

＊

單純的憤怒可能是出於某些可知且可改善的生理原因，但源自於心理原因的怒氣要難解得多，也更難應付。我們大多數人都會生氣，我們也會為憤怒找藉口。當別人或自己受到了不公平的對待時，為什麼不能憤怒呢？所以我們理所當然地發怒。我們從來不會只說我們很憤怒，然後就結束了；我們總是會進一步解釋憤怒的原因。我們永遠不會只說自己是在嫉妒或難受，而會提出正當的理由和解釋。我們質疑說愛怎麼可能沒有嫉妒，或說某人的行為讓我們討厭。然而，支撐憤怒、給予憤怒廣度與深度的動力，正是這些不論用沉默或言語所表達的解釋與說明。這些沉默或說出口的解釋扮演著盾牌的角色，阻止我們發現真實的自己。我們都想受人稱讚、得人恭維，我們都有所期望；若這些事情未發生，我們就會失望，變得憤世嫉俗或嫉妒。然後，不論透過暴力或溫和的方式，我們怪罪他人，我們說我們的痛苦都是別人的錯。

＊

三、憤怒來自於依賴

＊

你非常重要，因為我要依靠你維繫我的快樂、地位和聲望。透過你，我才能夠得到圓滿，所以你對我來說很重要；我必須守護著你、擁你為己有。藉由你，我得以逃離自己；當我被丟回來面對自己時，因為害怕自己的處境，我變得憤怒。憤怒有許多型態：失望、憎惡、刻薄、嫉妒等等。

＊

四、問題在儲存憤怒

＊

儲存憤怒，也就是儲存憎惡，需要寬恕作為解藥。然而，儲存憤怒這個問題遠比寬恕來得重要。沒有累積的憤怒，就不需要寬恕。憎惡存在時，寬恕絕對必要，但若想擺脫被吹捧的需求以及受傷的感覺，但又不落入冷酷無情，需要的是慈悲。憤怒無法藉由意志力消除，因為意志也是暴力的一部分。意志是欲望、熱切想要某種事物的結果；而欲望最核心的本質帶有攻擊性與支配性。利用意志壓抑憤怒，只是把憤怒轉換到另一個不同的層次，給憤怒另一個不同的名稱，但那仍然是暴力的。想要擺脫暴力，就必須了解欲望。

* *

五、期待會造成痛苦與憤怒

如果你深入了解憤怒，而不是不理會它，你會發現什麼？一個人為什麼會憤怒？因為他受到傷害、因為某人說了一件惡劣的事情。但若有人奉承你，你會很開心。你為什麼會受到傷害？自大，不是嗎？為什麼人會自大呢？

因為一個人有了思想、有了自己的表徵和形象，他認定了自己應該是什麼樣子、具有什麼身分地位，或者不應該是什麼樣子。人為什麼會創造出自己的形象？因為事實上人從來不知道自己是什麼。我們以為自己應該是這樣或那樣，也就是理想，舉例來說，理想中的自己是英雄。喚醒憤怒的原因，正是我們的理想幻滅，也就是我們對於自己是什麼樣子的想法受到了攻擊。我們對於自己應該是什麼樣子的想法，其實是我們在逃避真實的自己。然而，當你看見自己真實的樣子時，就沒有人可以傷害你了。若一個人是騙子，其他人對這個人說你是騙子，並不代表這個人受到了傷害，因為這是事實。但當這個人假裝自己不是騙子，那麼在別人說他是騙子時，他就會憤怒、變得暴力。我們總是活在一個概念化的世界，也就是神話的世界裡，從來沒有處於現實的世界中。若想看到真實的樣貌，看清楚它、確實地熟悉它，就必須不去批評，沒有評斷、沒有意見，也沒有恐懼。

＊

＊

六、了解可以驅散憤怒

你一定會成為你所對抗的那種東西……如果我憤怒，而你也憤怒相對，結果會是什麼？更多的憤怒。你變成了跟我一樣的人。我若邪惡，而你以邪惡的手段對抗我，不論你自以為多麼正當，你也會變得邪惡。如果我殘暴，而你也以殘暴的方式征服我，那麼你會變得像我一樣殘暴。這種以牙還牙、以眼還眼的事情，人類已經重複了數千年。然而，除了以恨止恨，世上必定存在著其他的處理方式吧？

我若以暴力的方式鎮壓心中的憤怒，那就是為了正確的目的而用了錯誤的方式，因此正確的目的也不復正確了。在這種以其人之道還治其人之身的作法中，沒有了解；世上沒有超越一切的憤怒。要以寬容的態度去了解憤怒；憤怒無法藉由暴力被克服。憤怒也許是許多原因造成的結果，不去全盤了解這些原因，就無法逃避憤怒。

我們製造出敵人、盜匪，然後我們自己也變成了敵人，這樣的循環不可能消滅敵人。我們必須了解對立和仇視的原因，不再以思想、情感與行動繼續餵養憤怒。這是一項艱鉅的工作，需要不斷的自覺與理性的圓通，因為我們就是社會，我們就是國家。不論是敵人還是朋友，都是我們的思想與行為的結果。我們要為製造出對立仇視負責，因此了解我們自己的思想與行為，遠比憂心敵人或朋友來得重要，因為正確的思維可以終止分裂。愛總是凌駕朋友與敵人之上。

＊

七、個人的憤怒是一種歷史過程

＊

我們看到這個充滿仇恨的世界正在收割它的果實。這個仇恨世界的製造者是我們的父親、他們的先祖，以及我們自己。無知不斷延伸進入過去。仇恨的世界並非自己形成的，它是人類無知的結果，是一個歷史的過程，不是嗎？我們每個人加上我們的祖先，他們每個人再加上他們的祖先，大家共同形成了這個仇恨、恐懼、貪婪的歷史過程。現在，身為個人，只要我們繼續沉淪其中，就要一起承擔這個仇恨的世界。

＊

八、你是什麼樣子，這個世界就是什麼樣子

＊

這個世界其實就是你的延伸。如果身為個人的你渴望摧毀仇恨，那麼你就必須去

終止仇恨。若想摧毀仇恨，你就必須讓自己斷絕所有與仇恨的關係，不論這樣的關係是深是淺，只要你依然陷在仇恨當中，你就是那個無知與恐懼世界的一部分。世界其實是你自己的延伸，也是你自己的副本與分身。世界無法與個人切割。也許它會以觀念、國家、社會組織的型態存在，但要實現這種觀念，要讓社會或宗教組織運作，就必須有個人。個人的無知、貪婪與恐懼，維繫了無知、貪婪與恐懼的結構。若一個人改變了，他就能影響這個具有無知、仇恨、貪婪與其他種種特質的世界嗎？當你疏忽、無知、仇恨或貪婪，這個世界也會是你的延伸；若你誠懇、體貼、意識清明，不但能夠與製造出痛苦與悲傷的那些醜惡根源斷絕關係，也會在這樣的理解中得到完整。

＊　＊

九、憤怒與暴力的緣由

充斥這個世界的恐怖、具破壞性又殘酷的暴力，其成因是什麼？我不知道你是否問過自己這個問題，抑或你只是認命地接受，認為這是生活的一部分，無可避免？

我們每一個人私下都是暴力的。我們會憤怒；我們不喜歡其他人批評自己；我們無法容忍各自的生活受到干擾；當我們信奉某種特定的教條、推崇我們各自的國家與一塊被稱為國旗的破布時，我們帶有非常強烈的防禦心，也因此具有攻擊性。因此，個別來說，在我們私底下，在我們私密的生活裡，我們其實是具有攻擊性的，我們是暴力的。這樣的特質也表現於外，表現在我們與其他人的關係上。當我們野心勃勃、貪婪、有所覬覦時，我們也會表現出貪婪、暴力與破壞。

我不禁在想，為什麼現在會這樣，以及為什麼過去一再如此？古往今來發生過許多戰爭，有許多混亂與破壞的力量釋放到這個世界上。為什麼？這些事情為什麼會發生？知道事情發生的根源與原因，並不表示可以永遠讓心靈從暴力中解脫。然而，深入探究為何人類長久以來一直如此暴力、殘酷、無情又具破壞性，以及為何一直在摧毀自己的同類，是正確的事。如果你問了為什麼，那麼你覺得原因是什麼？別忘了，針對這個問題的解釋與結論並不能消弭暴力。我們會從暴力的問題切入自由這個問題，但首先我們必須先探究這些暴力的反應為什麼會存在。

*

十、遺傳的本能

*

我想其中一個原因，是我們世世代代從動物身上遺傳下來的本能。你可曾看過狗兒或公牛打架——強凌弱。動物天生就具有攻擊與暴力的因子。我們人類既然是由動物演化而來，因此當我們擁有領土權時，也就是對一方土地或性的權利時，我們也繼承了這種攻擊性的暴力及仇恨，一如動物。

＊

十一、社會與環境因素

＊

另外一個原因是環境，也就是我們所居住的社會、我們成長過程中所接觸到的文化薰陶，以及我們所接受的教育。我們所居住的社會強迫我們擁有攻擊性。我們每個人都在為自己戰鬥，每個人都想要地位、權力、名聲。人最在意的是自己，雖然我們會關心家人、族群、國家等等，但基本上我們最在意的還是自己。人也許會經由家庭、族群以及國家產生作用，然而他一定是把自己放在第一位。因此我們所居住的社會就是助長這種暴力的原因之一。

換言之，這種暴力是社會加諸我們的行為。大家都說，若想生存，你就必須具有攻擊性、必須戰鬥。因此環境有著莫大的重要性，而我們所居住的這個社會是我們所有人製造出來的產物；是我們自己製造出這個暴力的社會。

*

十二、心理對安全的需求是憤怒的主因

*

我認為暴力的主因，其實是我們每一個人內在和心理層面對安全感的追求。每個人都渴望安全感，也就是那種從心底感覺到的安全無虞，由此投射出了對於安全感的外顯需求。每一個人的內心都想要安全、確定、有把握。這也是為什麼我們會有各種與婚姻相關的法律，目的就是為了能夠擁有一個女人或男人，並確保我們的關係。如果這層關係受到攻擊，我們就會變得暴力，這就是心理與內在的需求，想要確保我們與所有事物的關係。然而，任何關係都沒有確定與安全這種東西。內在、心理上，我們都希望有安全感，但永遠的安全這種東西並不存在。你的妻子、丈夫可能與你反目；你的財產可能在一場革命中被剝奪。

*

十三、外在與內在的秩序

*

首先，外在的秩序必定是存在的，全體人類若沒有一種共通的語言與一套制度，就不可能有秩序，而那就代表國家的終結。至於內在，必定有一種心靈的自由狀態，沒有

任何逃避，可以看到本然。我可以看著自己暴力的事實，而不說「我一定不能暴力」，不譴責這個事實，不賦予這個暴力行為一個正當的理由——我可以僅僅看著自己暴力的這個事實嗎？

＊　＊

十四、軍隊無法帶來太平的國家

在社會模式中顯然存在著叛變。有些叛變令人敬佩，有些則不然，但叛變必然存在於社會的範圍之內，存在於社會的圍籬之內。一個奠基於嫉妒、野心、殘酷、戰爭的社會，內部必然會出現叛變。你已經看到了許多暴力。這個世界曾經發生過兩次極大規模、完全暴力的全球戰爭。一個保有軍隊的國家必定對自己的人民有害。請傾聽這一切。任何國家只要擁有軍隊，不論為了攻擊還是防禦，這個國家就不會太平；軍隊既可攻擊，也可防禦，但軍隊無法帶來一個太平的國家。一個文化一旦建立並保有軍隊，就是在自我毀滅。

這是歷史的事實。

*

十五、為了利己而追求完滿

*

到處都有人鼓勵我們維持競爭力、保持野心、追求成功。競爭、野心、成功在諸如我們這樣一個特別繁盛的社會中是神，所以你能期待什麼？這麼做只是讓年輕人不好的行為變得令人敬重，僅此而已。你並沒有解決問題的根本，也就是阻止戰爭、擁兵、野心、鼓勵競爭這些過程。這些根植在我們心中的事情，就是社會的藩籬，在其中總是不斷出現叛變，不論年輕人或長者。問題不僅是年輕人的行為，而是我們整個社會的結構，只要你我沒有完全走出這個社會，這個問題就不會有答案——因為社會代表野心、殘酷、成功的欲望，以及站上頂峰。這整個過程基本上就是為了利己而追求完滿，只不過披上了高尚的外衣。

*

十六、我們是否因為推崇競爭而滋長了憤怒？

*

你有多麼崇拜成功的人！你又是如何美化殺死了千萬人的凶手！有各種不同的信仰和教條——基督教與印度教、佛教與伊斯蘭教。這些都是帶來衝突的東西；當你設法處理青少年的行為問題時，若只是把孩子關在家裡、懲罰他們、送他們去當兵，或依賴不同心理學家與社會改革者提供的種種解決方式，這麼做無疑只是膚淺地處理一個根本問題。然而，我們害怕解決根本的問題，因為我們害怕會變得不受歡迎，我們怕被稱為共產黨或其他天知道什麼樣的名稱，標籤對我們大多數人來說似乎都很重要。不論在俄國、印度或這裡，基本上問題都是相同的，那就是唯有當心靈了解整個社會架構時，我們才會找到一個完全不同的方式來處理這個問題，或許還可以因此建立起真正的和平，而不是政治上那種似是而非的和平。

第三章 厭煩與興趣

*

一、目的是另一種逃避的形式？

*

你成為一位社工、政治人物或宗教工作者，是這樣嗎？因為你不知道要做什麼，所以你變成了一位改革者！如果你無事可做、如果你覺得無聊，為什麼不繼續無聊呢？為什麼不**就**那樣呢？如果你難過，**就**難過。不要試圖找方法擺脫它，因為如果你能了解無聊，並與之共存，那麼這樣的無聊將極為重要。如果你說：「我無聊，所以我要做些其他事情。」你只是試著逃離無聊，一如我們大多數的行為都是在逃避，這麼做對社會及各個層面的傷害更大。相較於處在自己的狀態中，維持著那個狀態，你的逃避只會造成更大的危害。困難在於，如何留在那個狀態中而不逃開。由於我們大多數的行動都是一個逃避的過程，因此要你停下來並且面對逃避是非常困難的事。所以你若真的無聊，我會很高興地對你說：「徹底停下來，讓我們待在那兒，讓我們正視無聊。你為什麼一定要做些什麼呢？」

＊　＊

二、我們為什麼會覺得無聊和厭煩？

你覺得厭煩，為什麼呢？厭煩是什麼？你為什麼會對任何事情都不感興趣？一定有什麼原因讓你覺得乏味：痛苦、逃避、信仰、持續不斷的活動，都讓心靈乏味，內心不再容易被打動。你若能找出你為什麼覺得厭煩、為什麼沒有興趣的原因，你就一定能解決這個問題，不是嗎？接著，被喚起的興趣就會開始運作。你若對你為什麼覺得厭煩的原因都沒有興趣，你就無法強迫自己對某種活動提起興趣，你就只是在做些什麼而已，猶如松鼠在籠子裡不停奔跑。我知道這是我們大多數人都會沉溺其中的活動，但是我們可以從內在和心理上，找出我們為什麼會處在這個厭煩的狀態；我們要去了解為什麼大多數人都處於這種不論在情感與精神上，都將自己弄得精疲力盡的狀態。我們試過如此多的事物、感官刺激和消遣，如此多的嘗試讓我們變得遲鈍又疲憊。我們參加團體、做盡所有需要我們做的事情，然後我們就走了；接著我們轉向其他事，去試試看。若一位心理醫師無法令我們滿意，我們就換其他人或去找牧師；若牧師也讓我們失望，我們再到其他導師那兒。這種不斷伸手又放手的過程**真的**讓人疲憊，不是嗎？一如所有的感官刺激，心靈很快就會變得遲鈍。

*

三、厭煩可能是因為疲憊

*

我們試過了，從一種感官刺激換到另一種感官刺激、從一種興奮轉成另一種興奮，直到我們真正疲憊為止。現在，既然你了解這些，就別再繼續這個過程了。休息一下。靜下來。讓心靈自己去恢復力量，不要強迫它。猶如土地經過冬季而甦醒，當你允許心靈沉靜時，它也會自行重生。然而，允許心靈沉靜，讓它在經歷這一切之後休耕，是非常困難的事，因為心靈總是想要做些什麼。當你真正接受自己的實際狀態，不論那是厭煩、醜陋、恐怖或其他，這個時候你才有可能處理它。

當你接受了某件事，當你接受了真實的你，會怎麼樣？當你接受了真實的自己時，問題在哪裡？只有在我們不接受事實，並希望改變它時，才會出現問題。這並不表示我鼓勵滿足，剛好相反。我們若接受了我們的本然，我們就會看到我們所害怕的東西，看到我們稱之為厭煩、絕望、恐懼的東西，並經歷一次完全的改變。我們害怕的事物會出現完全的轉變。

＊

四、我們對事物的興趣只是因為它所帶來的報酬？

＊

你說的興趣是什麼？為什麼會從感興趣變成厭煩？興趣是什麼意思？你對讓你開心、讓你滿足的事物有興趣，不是嗎？興趣不就是一種得到的過程嗎？你會對任何無法從中得到回饋的東西感興趣嗎？只要你能得到些什麼，興趣就能持續；得到就是興趣，不是這樣嗎？你試著從你接觸到的一切事物中得到滿足，而一旦徹底利用過，你自然就會對它感到厭煩。每次的得到都是一種厭煩、疲憊的形式。我們希望玩具有所變化，一旦我們失去對一種玩具的興趣，就轉向其他玩具，總是會有新的玩具讓我們感興趣。我們之所以轉移焦點，就是為了得到，得到喜悅、得到知識、得到聲譽、得到權勢、得到效率、成立家庭等等。當一個宗教、一位救贖者再也無法讓人有所得時，我們就對他失去了興趣，我們會轉向其他地方。有些人耽溺某個組織，永不清醒，至於那些清醒的，則加入其他人的行列再度沉睡。這種得到的行動被稱之為思想的擴張。

「興趣永遠都是一種得到嗎？」

事實上，不論是一部戲劇、一場遊戲、一段對話、一本書或一個人，你會對任何無法給予你任何東西的人事物感興趣嗎？如果一幅畫作無法給你什麼，你會忽略它；如果一個人無法用某種方式鼓舞你或擾亂你，如果一段特別的關係中沒有快樂或痛苦，你會失去興趣、你會覺得厭煩。你沒注意到這一點嗎？

「是，但我從來沒有從這個角度看待這件事。」

你若什麼都不想要，就不會到這裡來。你想要擺脫厭煩，但因為我無法給你那樣的自由，你會再次覺得厭煩。然而，如果我們可以一起去了解得到、興趣以及厭煩的過程，也許就能找到自由。自由無法被取得。如果你得到了自由，你很快就會對自由感到厭煩。得到難道不會讓心靈呆滯嗎？得到，不論好與壞，都是一種負擔。你一旦得到了，你就會失去興趣。在試圖擁有的過程中，你會小心翼翼且充滿興趣；但擁有則會讓人變得厭煩。你也許想要擁有更多，但追求更多只是一個通往厭煩的行為。你嘗試各種得到的形式，為了得到你願意付出努力；但得到一定有結束的時候，也因此厭煩總是存在。事情不就是這個樣子嗎？

*　*

五、恐懼擔憂的心靈

困難的是讓心靈平靜下來，因為心靈總是在擔憂或追求什麼，或者在得到、否定、找尋著什麼。心靈從來不平靜，它持續地活動著。過去籠罩著現在，創造出它自己的未來。思想是一個存在於時間中的行動，而且思想與思想之間幾乎沒有間隔。一個個想法接踵而至，未曾稍停；心靈總是保持警醒，也因此總是精疲力盡。一枝鉛筆若始終維持著尖銳的狀態，很快就什麼都不剩了；同樣的，心靈不斷耗盡，因此疲憊枯竭。心靈總是恐懼走到盡頭。然而，日復一日，愈活就愈接近結束；而這個結束就是所有的得到、記憶、經驗以及過去的死亡。

第四章 自憐、悲傷、痛苦

*

一、什麼是悲傷？

*

一個人會嘗試許多方式好克服悲傷，不論是信仰、逃避、酗酒或娛樂。然而，悲傷始終揮之不去。對於悲傷，你必須像理解其他事物一樣地去理解它。不要否定它、壓抑它，也不要試著克服它。要去了解它，正視它。什麼是悲傷？你知道悲傷是什麼嗎？

*

二、悲傷是寂寞

*

悲傷是當你失去你以為自己深愛的人時；悲傷是當你完全無法滿足自己的希望時；悲傷是當你沒有得到任何機會或能力時；悲傷是當你想要達成夢想卻完全沒有方式時；悲傷是當你面對自己的空虛與寂寞時；悲傷是當你背負著自憐時。你知道什麼是「自憐」嗎？

＊　＊

三、自憐是悲傷的一個原因

自憐是當你有意識或無意識地埋怨自己、可憐自己，或說「我對自己目前的處境無能為力」時，抑或當你自稱是個麻煩、常常自悲自嘆時。而這就是悲傷。

要了解悲傷，就必須先知道自憐是什麼。自憐是悲傷的一個原因。當有人過世，而你被留在世上時，你開始察覺到自己有多麼寂寞。或者，若某人去世，你被留在世上且分文不名時，你覺得不安，因為你一直依靠他人生活，因此你開始抱怨、開始自憐。這是一個事實，一如你的寂寞也是事實；這就是本然。看著自憐，不要試著克服它、否定它，或說「我該拿它怎麼辦？」事實是：自憐的確存在。事實是：你覺得寂寞。你可以直視著自憐，不去與昨日你是如何安全相比，不去與你有錢的時候相比、不去與擁有的時候相比——不論什麼，都不去比較，你做得到嗎？只要看著自憐，然後你會發現自憐無地可容。

＊

四、寂寞的悲傷

＊

造成悲傷的一個原因，是人類極度的寂寞。你也許有同伴、有上帝、有淵博的知識，你也許長袖善舞……但寂寞依然徘徊不去。因此人總是希望能找到生命的意義，然後加以投資。但寂寞依舊駐足不去。你可以看著寂寞，不帶任何比較，只是看著它的樣貌，不要試著逃跑、遮掩或逃避嗎？如此一來你就會發現，寂寞變成了一種全然不同的東西。

＊

五、如何讓心靈脫離悲傷？

＊

人必須孤獨。但我們並不孤獨。我們是上千種影響、上千種環境、心理遺傳特質、政治宣傳和文化的結果。我們都不孤獨，因此我們全是二手人類。當一個人真的孤獨時，完全的孤獨，不屬於任何家庭（即使他可能擁有一個家庭），不屬於任何國家、文化或任何特定的承諾，這個人會散發著一種局外人的感覺，脫離各種想法、行動、家庭與國家。只有這樣完全孤獨的人是純真的，而這樣的純真才能讓心靈脫離悲傷。

＊

六、流淚是為了你自己，還是逝者？

＊

你經歷的悲傷跟牙痛一樣強烈而急迫嗎？當你牙痛時，你會採取行動；你會去看牙醫。但當你悲傷時，你卻藉由解釋、信仰、酗酒以及其他行為來逃避它。你的確會採取行動，但你的行動無法讓心靈從悲傷中解脫，不是嗎？

「我不知道怎麼做，所以我才會在這裡。」

在你知道要做什麼之前，難道不應該了解悲傷是什麼嗎？對於悲傷，難道你不是只有一個概念、一種評斷嗎？當然，逃避、算計、恐懼都可以讓你不用直接經歷悲傷。當你為牙痛所苦時，你不會對牙痛有什麼想法或意見；你就是牙痛，然後你採取行動。然而，現在你根本沒有行動，不論是立即或未來的行動，因為事實上你沒有真正受苦。要了解痛苦，你必須正視它，你必須不要逃避。

「我父親辭世已久，我都不記得他了，所以我萬分痛苦。我必須做什麼才能脫離痛苦？」

我們痛苦是因為我們不知道痛苦的真相。事實和我們對事實產生的概念，是完全不同的，也因此導向兩個不同的方向。你關心的是事實、現實，抑或只是讓你痛苦的想法？

「你沒有回答我的問題，老師，」他堅持，「我要怎麼做？」

＊

七、從自憐中解脫

＊

你想要逃避痛苦，還是不受痛苦的束縛？如果你只是想要逃避，那麼一顆藥、一種信仰、一個解釋、一項娛樂都可能「有所幫助」，但這些會伴隨著依賴、恐懼等等的必然後果。如果你希望免除悲傷，你就必須停止逃避，而且必須不帶任何成見或選擇地去認識它；你必須觀察它、了解它、知道它所有的複雜性。那樣你就不會再害怕悲傷，也不再會感到自憐了。了解悲傷，就能免除悲傷，但要了解悲傷，必須親身經歷，而不是口頭說說。

＊

八、我要如何度過我的每一天？

＊

「我可以只問你一個問題嗎？」另外一個人這麼問：「一個人應該用什麼樣的態度過

每一天？」

就像一個人只有一天或一個小時的生命那樣的態度。

「怎麼做？」

如果你只剩下一個小時的生命，你會做什麼？

「我真的不知道，」他焦慮地回答。

你難道不會去安排一些必要的身外事，你該做的事情、你的遺囑等等？你難道不會把你的家人和朋友聚在一起，請他們原諒你曾經對他們造成的傷害？你難道不會完全放下心事、欲望以及這個世界？如果一個小時內可以做完這些事，那麼未來的日日年年也可以做完這些事。

「真的有可能這樣嗎，老師？」

試試看，你就會找到答案。

＊

九、了解痛苦

＊

當我在受苦時，問快樂是否存在對我有什麼好處？我能夠了解痛苦嗎？這才是我的問題，而不是如何快樂。我快樂是因為我不痛苦，但當我意識到這一點時，那就不是快樂了……所以我必須了解什麼是痛苦。當我一部分的心靈正在逃避痛苦，想要尋找快樂、想要尋找一個方法擺脫這種折磨時，我能夠了解什麼是痛苦嗎？所以，如果我打算了解痛苦，難道我不應該跟痛苦完全合一，不去拒絕它、不去為它辯解、不去譴責它、不去比較它，只是與之共存，然後去了解它。

如果我知道如何傾聽，快樂的真實必然會出現。我必須知道如何傾聽痛苦；我若傾聽痛苦，我就能夠傾聽快樂，因為那就是我之所以為我的原因。

*

十、每個人的腦袋與痛苦都一樣

*

你的痛苦與我的痛苦，或與任何一個亞洲人、美洲人、俄國人的痛苦，有差異嗎？大家的環境、事件也許不同，但另一個人的痛苦與你我的痛苦，本質相同，不是嗎？痛苦就是痛苦，當然，它既不是你的，也不是我的。喜悅既非你的喜悅，也不是我的喜悅——它就是喜悅。當你肚子餓時，這樣的飢餓並不僅是你的飢餓，也是整個亞洲的飢餓。當你受到野心驅策、當你冷酷無情時，同樣的冷酷無情也驅策著政治人物與當權者，不論他們是在亞洲、美洲還是俄國。

那正是我們不想要的情況。但我們看不到我們全是同一種人，各自陷在生命不同的階段、不同的領域中。當你說你愛某個人時，那不是愛；那樣的愛會變得暴力、獨占、嫉妒、焦慮、殘忍。同樣的，痛苦就是痛苦；既不是你的，也不是我的。我並不是要讓痛苦變得客觀，也不是要讓它變得抽象。當一個人痛苦時，他就是痛苦，不論他住在亞洲或西方。正遭到迫害的人都在痛苦、受折磨，不論是越南人、美國人。要了解這種痛苦（既非你的，也不是我的，既非客觀，也不抽象，而是實在的且我們都會經歷的痛苦）需要許多深觀和洞見。這樣的痛苦的結束，自然會帶來和平，不只是內在的和平，還包括外在的和平。

第五章 嫉妒與占有

*

*

一、擁有讓我們覺得自己重要

嫉妒是擁有一個男人或女人的方式之一，不是嗎？我們愈嫉妒，擁有的感受就愈強烈。擁有某樣東西讓我們快樂；聲稱某樣東西、甚至一隻狗，完全屬於我們，讓我們覺得心滿意足。擁有中的那種排他性，讓我們得到確定感和安心。擁有某樣東西讓我們覺得自己很重要；我們緊抓著不放的，正是這個重要性。當我們以為自己擁有一個人，而不是一支筆或一棟房子，會讓我們感覺自己有影響力，並且有一種奇怪的滿足感。我們之所以嫉妒，不是因為旁人，而是因為我們自己的價值與重要性。

「但是我並不重要，我是無名小卒；我先生是我唯一所有，甚至連我的孩子都不算在內。」有人這麼說。

我們都有執著的東西，儘管這樣東西以不同的形式呈現。你執著於另一半、有人執著於他們的孩子，還有人執著於宗教。然而，大家的企圖都一樣。沒有執著的目標，我們會覺得沒有希望，不是嗎？我們害怕孤獨的感覺。這種恐懼便是嫉妒、仇恨、痛苦。嫉妒與仇恨沒有太大不同。

＊

二、嫉妒不是愛

＊

「可是我們彼此相愛。」

那你怎麼會嫉妒呢？事實上我們不愛，這是令人遺憾的部分。你在利用你的丈夫，一如他在利用你，目的是快樂、陪伴、不覺得孤單；你擁有的也許不多，但至少你有某個可以在一起的人。這種互相的需要與利用，我們稱之為愛。

「這樣實在很可怕。」

這並不可怕，只不過我們從來不正視它。我們說它可怕，賦予它一個名字，然後立刻轉過頭——這就是你正在做的事情。

「我知道，但是我不想看著它。我想要繼續現在這樣，即使那代表嫉妒，因為我看不到生命中其他事物。」

如果你還看得到其他東西，就不會再嫉妒你的丈夫了，對嗎？然而，那時你會執著於其他事物，一如你現在執著於你的丈夫，所以你一樣會嫉妒。你只是想要找一個替代品，不是想要擺脫嫉妒。我們都這樣：在我們放棄一個東西以前，我們想要對另外一個東西有十足的把握。當你完全沒有把握時，就沒有嫉妒。感覺有把握、感覺占有某樣東西，才會有嫉妒。排他就是這種確定的感覺；占有即嫉妒。擁有便滋長了仇恨。我們其實痛恨我們所擁有的，而這就展現在嫉妒上。只要占有，就永遠不會有愛；占有就是毀滅愛。

*　*

三、對名聲和人事物的眷戀引起了痛苦

現在的文化奠基於嫉妒、得到……我們透過不同的方式獲取成功，譬如藝術家、商人或傳教者。這些全都是嫉妒的一種形式，但只有在嫉妒變得令人苦惱和痛苦時，人們才會試著要擺脫它。只要嫉妒仍然帶有報償、會讓人覺得愉悅，它就是一個人的本性可以被接受的部分。然而，我們沒看到在這份愉悅中存在著痛苦。眷戀和依附的確會帶來

快樂，但也會產生嫉妒與痛苦，而且眷戀和依附不是愛。人們就是這樣生活、受苦和死去的。唯有當這種自我封閉的行為所帶來的痛苦變得讓人無法承受時，人們才會掙扎著想要擺脫它。

「我想我大概了解這個道理，但我要怎麼做呢？」

在想怎麼做之前，讓我們先看看問題所在。問題是什麼？

「我飽受嫉妒折磨，我想擺脫嫉妒。」

你想要擺脫嫉妒的痛苦，但是你難道不想要那隨著占有而來的愉悅嗎？

「當然想。你不會要我放棄所有屬於我的東西，對吧？」

我們並不在意是否放棄，我們關心的是占有的欲望。我們想要像占有什麼東西一樣擁有某個人，我們執著於信仰與希望。為什麼會有這種想要擁有的欲望和強烈的眷戀和依附感呢？

「我不知道，我從來沒有想過這個問題。嫉妒似乎是很自然的事，但它變成了一種毒藥，一種我生命中衝突不安的因子。」

我們並不需要特定的東西，不論是食物、衣物、遮蔽處或其他東西，但是這些東西提供了心理的滿足，而這就引起了許多問題。同理，對他人的心理依賴產生了焦慮、嫉妒與恐懼。

「從這個角度來看，我想我的確依賴某些人。他們對我來說是必要的，沒有他們，我就會完全迷失。如果沒有我的丈夫和孩子，我想我會慢慢瘋掉，不然就是黏著其他人。不過我看不出來這種眷戀和依附有什麼不妥。」

我們並不是要評斷眷戀和依附的對錯，而是思考它的原因和影響，不是嗎？我們也不是在譴責它，或者為它找藉口。只是一個人為什麼會在心理上依賴其他人呢？

「我知道自己依賴成性，但我並沒有想過這個問題。我理所當然地認為每個人都依賴著他人。」

＊

四、生理依賴不是心理依賴

＊

當然我們在心理上依賴彼此，而且永遠都會如此，這是自然而然且無可避免的。但是如果我們不了解我們對其他人的心理依賴，你認為嫉妒的痛苦會消失嗎？所以，為什麼我們會有這種對別人的心理上的需求呢？

「我需要我的家人，因為我愛他們。如果我不愛他們，我就不會在意了……」

你想保有依戀彼此的快樂，但放掉它所帶來的痛苦。可能嗎？

「為什麼不可能？」

眷戀和依附隱含著恐懼，不是嗎？你害怕當其他人離開你或去世以後，你會變成什麼樣子，或將會變成什麼樣子，因為這樣的恐懼，於是你依附著他們。只要你受到依附所帶來的快樂給吸引，恐懼就會被隱藏起來、鎖在他處了。遺憾的是，恐懼一直存在；在你擺脫這份恐懼之前，嫉妒的折磨會持續下去。

*

五、生命就是所有這一切以及更多

*

你知道生命是什麼嗎？它從你出生那一刻起，延續至你死亡的那一刻，或許還會繼續至死亡之後。生命是一個巨大且複雜的整體；它猶如一棟屋子，裡面所有的事情都同時發生：你愛、你恨、你貪婪、你嫉妒，同時你又覺得不應該如此。你野心勃勃，不是挫折就是成功，然後焦慮、恐懼與殘酷無情緊接而至。早晚，你會覺得這一切都沒有意義。然後還有戰爭的恐怖和殘忍，以及因為恐懼而來的和平；有支持戰爭的國家主義和政府；有難以預期的死亡。還有尋找上帝，以及不同信仰和不同組織宗教之間的爭論。有得到和保有一份工作的掙扎、有婚姻、孩子、疾病，以及社會與國家的支配。生命就是所有這一切以及更多；而你就被丟在這一團混亂當中。

你陷入混亂，可憐兮兮又困惑迷惘；即使你爬出這團混亂，活了下來，你仍是這團混亂的一部分。這就是我們所稱的生命：永遠的掙扎與悲慘，偶爾加入一點歡樂。誰要教你度過這一切？又或者，你打算怎麼學習這一切？即使你擁有能力與天分，你仍然受困於野心和成名的欲望，以及這種欲望所帶來的挫折與悲痛。這些全都是生命，不是嗎？儘管超越這一切，那仍然是生命。

＊

六、社會的有毒框架

＊

就是這樣。每個人都說自己必須成功；每個人都為了自己出頭，不論是以企業、宗教或國家之名。你想要成名，你的鄰居、他的鄰居都想要成名，每一個人都想成名，從最高層到最底層都一樣。因此我們建立了一個奠基在野心、嫉妒與得到之上的社會，在這個社會裡，每一個人都是另一個人的敵人。你被「教育」要去順從這個分裂的社會，去迎合這個社會的有毒框架。

「但我們能做什麼？」另一個人問：「在我看來，我們必須依循社會，不然就會被毀滅。我們還有其他的出路嗎，老師？」

你被教育要去融入這個社會；你所發展的能力讓你能夠在這個模式中生存。你的父母、教育你的人、你的政府，全都關心你的效率和財務保障，不是嗎？

沒錯，他們想要你成為「好公民」，意思就是具備令人敬佩的野心、持續不斷地追求，並沉溺在被這個社會所接受、以競爭為名的冷酷無情中，這樣你和他們才能有保障。這就是構成所謂好公民的條件。但這究竟是好事，還是非常邪惡的事呢？愛也隱含了讓那些被愛者有全然的自由可以充分成長，成為比僅僅是社會機器更偉大的人，不是嗎？愛不會是公然的強迫，或藉由責任義務的迂迴威脅去強迫。

＊

七、責任是一種愛嗎？

＊

父母稱之為責任的那種東西不是愛，那是一種強迫的形式；社會支持父母，因為他們的所作所為令人敬重……他們認為孩子必須順從這個社會，變得令人尊敬且生活穩定。這被稱為愛。但這是愛嗎？或者這其實是用「愛」這個字包裹的恐懼？

＊

八、野心是嫉妒、分裂、戰爭

＊

年長者說：你們，也就是新的這一代，必須創造出一個不一樣的世界。但他們說的跟做的並不一致。他們不斷思考也很關心如何「教育」你，以順從那個稍做調整的舊有模式。儘管口裡說著不同的那一套，但師長與父母在政府與社會的普遍支持下，其實是要負責把你訓練成服從傳統、接受野心與嫉妒是生活一部分的人。他們一點都不在乎新的生活方式，這也是為什麼教育者本身往往並沒有接受到正確的教育。老一輩的人為這個世界帶來了戰爭、仇視，以及人與人之間的分裂；而新一代的我們正勤勉地追隨老一輩的腳步。

「可是我們想接受正確的教育，老師。我們該怎麼辦？」

首先，要看清楚一個簡單的事實：政府、師長，還有你的父母，他們都不關心正確教育你這件事；如果他們關心，這個世界就會完全不一樣，也不會發生戰爭了。所以如果你想接受正確的教育，你必須自己行動；當你長大後，你才能讓你自己的孩子受到正確的教育。

「但是我們如何能正確地教育自己？我們需要別人來教育我們。」

你有可以教導你數學、文學及其他科目的老師，但是相較於單純的獲取資訊，教育是更深刻、更廣泛的一件事。教育是心靈的教化，這樣才不會出現自私自利的行為；教育是一輩子的學習，目的是在打破心靈為了追求安全感而打造起來的藩籬；恐懼與其他難題都是因這些藩籬而起。

想接受正確的教育，你必須用功讀書不偷懶。善於競賽不是為了打敗其他人，而是為了自娛。要吃正確的食物，保持身體健康。保持心靈的敏銳度，有能力以一個人的身分去處理生活中的問題，而不是用印度教徒、共產黨員或基督教徒的身分。想接受正確的教育，你必須了解你自己；你必須不斷學習關於自己的一切。一旦你停止學習，生命就變得醜陋與可悲。而若沒有善與愛，你不會得到正確的教育。

第六章 欲望與渴望

* *

一、欲望中的痛苦來自對挫折的恐懼

* *

對我們大多數人而言，欲望是個問題——對資產、地位、權力、安逸、永生、延續、被愛、擁有、滿足、永恆的渴望。話說回來，什麼是欲望？這個驅動、強迫我們的東西是什麼？這並不代表我們應該滿足於我們有什麼或我們是什麼（這些正好跟我們想要的相反）。我們試圖看清楚欲望是什麼，如果我們可以稍微帶點懷疑的眼光看著它，我想我們就可以帶來改變，而不只是給欲望換個目標——這就是我們一般所謂的「改變」，不是嗎？不滿足於某個特定的目標時，我們就會去找另一個替代的目標。我們永遠都在更換目標，從一個欲望換到另一個欲望，一個我們以為更遠大、更崇高、更好的目標。然而，不管這些目標如何崇高，欲望仍然只是欲望，在欲望的行動中充滿著掙扎與矛盾。

因此，弄清楚什麼是欲望以及欲望能否改變，難道不重要嗎？此外，我能夠消除那個欲望的中心嗎？不是某一個特定的欲望，也不是某一種特定的喜好或渴望，而是總是帶有挫折和恐懼的整個欲望、渴望與希望的架構？我所感受到的挫折愈深，我給予「我」的力量就愈大。只要還抱持著希望與渴望，這些欲望背後就一定存在著恐懼，而且會再次強化那個欲望中心……

除了生理上的需要，任何形式的欲望，不論是偉大、真實或美德，都會變成一個心理的歷程，而我們的心會藉由這個歷程建立起「我」的概念，並且自我強化。

＊

二、跟隨著欲望的行動

＊

欲望代表滿足各種喜好的衝動，欲望需要行動——不論是性、想成為偉人或想擁有一部車。

什麼是欲望？你看到一棟美麗的房子、一部很炫的車子、一個有權又有地位的人；你希望能擁有那棟房子、成為那個有地位的人，抑或贏得喝彩。這樣的欲望是如何生起的？首先，是視覺，眼睛看到了房子。那個「你」出現的時間則要晚得多。看到房子是視覺的吸引，被輪廓吸引、被一部美麗的車吸引、被色彩吸引，然後出現了感知。

請跟著做。做的人是你，不是我。我給你的是文字和解釋，但做的人是你。我們正一起分享這件事。你不僅是聆聽演講者說的內容；你正在觀察你自己的思想活動，也就是欲望。想與看之間沒有分別；兩者是一個動作。思想與欲望之間也沒有分隔——我們現在便要深入探討。

*

三、欲望的生起

*

我們看到了，然後產生感知，接著是感覺，還有感動，之後就是欲望——想要擁有的欲望，想要延續那種感覺。道理非常簡單。我看到了一個美麗的女人或男人，我產生了視覺的愉悅，我想要延續這種愉悅。於是我開始想，從這裡衍生出了思想。我想得愈多，愉悅的感覺就會延續，痛苦也就出現了。於是，因為這樣的延續，「我」也出現了——我想要、我不想要。這就是我們整天在做的事情，不論睡覺或走路。

就這樣，你可以看到欲望如何生起。感知、接觸、感覺，然後延續那種感覺，那種感覺的延續就是欲望。欲望沒有任何神祕之處。欲望之所以變得複雜在於有所牴觸和衝突，問題不在於欲望本身，而是想要的東西，對嗎？我想要成為一個非常有錢的人——換言之，我的欲望說我必須有錢，因為我看到了那些有財產、有車和有其他各種東西的人。欲望說：「我必須擁有，我必須滿足。」

*

四、欲望必須被了解，而非抑制

*

欲望想要滿足自己，不論哪一方面；你想要的東西非常吸引人，但每個東西卻互相牴觸。

於是我們服從卻又戰鬥，滿足卻又挫敗地活著。這就是我們的人生。為了找到上帝，那些所謂的宗教人士、聖人、教宗、和尚、修女，以及那些服務社會的人士會說：「你必須克制，你必須昇華，你必須讓自己與上帝融為一體，這樣欲望就會消失。當你看到一個女人時，轉過身去；不要對任何事物或生命有感覺；不要聽音樂、不要去看樹；最重要的是，不要去看女人！」這就是一個身為社會奴隸的平庸男子的一生！

不去了解欲望，人永遠不可能擺脫順從或恐懼。你知道當你壓抑時會有什麼結果嗎？你的心會變得遲鈍！你見過印度的棄絕僧（sannyasis），以及那些逃避生命的人嗎？遵守嚴格規定的他們是多麼呆板、嚴肅、品德高尚、神聖！他們會不停地談論愛，他們的內心沸騰；但他們的欲望永遠沒有滿足或不被了解；他們是披著美德外袍的死人！

我們要說的是完全不一樣的事情……一個人必須了解並學習有關欲望的一切。學習不是為了如何處置欲望，也不是為了抑制它。

*

五、了解欲望，那麼它即使發生也不會生根

*

欲望產生牴觸，始終警醒的心靈不喜歡活在牴觸和衝突中，因此它會試圖擺脫欲望。然而，如果心靈可以在不漠視欲望的情況下去了解它，也不去說：「這是個比較好的欲望，那是個比較糟的欲望，我打算保留這個欲望、丟棄那個欲望。」如果心靈能夠用不拒絕、不選擇和不譴責的態度去理解欲望，那麼你會看到心靈變得平靜。欲望還是會出現，但它們再也不會產生影響；它們再也沒有多大的重要性；它們不會在心靈生根或製造問題。心靈會有反應，否則它就不算是活著了，但這種反應是表面的，不會生根。這也是為什麼了解我們多數人都身陷其中的欲望的這整個過程，是很重要的事。

*

六、不因欲望而行動，可能嗎？

*

對大多數人而言，欲望代表自我放縱和自我表現：我渴望那個，我必須擁有它。不論對象是一個美麗的人、一棟房子或一個想法，我必須擁有它。為什麼？為什麼會出現「必須」？為什麼欲望會說「我必須擁有那個」？它帶著一股強迫性的痛苦、驅力、衝動與要求。為什麼會有這種自我表現的堅持，也就是一種欲望的形式？答案其實很簡單、很清楚、很明瞭。在自我表現和成就中，存在著莫大的歡愉，因為你得到了別人的認可。大家會說：「天啊，你知道他是誰嗎？」以及其他這類無意義的話。你也許會說那不只是欲望或歡愉，因為在欲望背後還有更強而有力的東西。但你若不了解欲望，就無法接觸到欲望背後的東西。我們將欲望與追求歡愉的過程稱為行動。我想要某樣東西，所以我不斷工作好得到那樣東西。我想要當個出名的作家、畫家，於是我做了所有可以想到的事情，就是為了成名。最後我倒臥路邊，永遠得不到這個世界的認同，於是我感到挫折和痛苦，然後我變得憤世嫉俗，或者披上謙卑的外衣，所有那些無意義的行為開始出現。

＊　＊

七、為什麼我們充滿渴望？

於是我們自問：為什麼我們會堅持要滿足欲望？如果你想要一件外套、襯衫、領帶、鞋子，你得到了，那是一回事。但在這種滿足自己的衝動背後，無疑有一股徹底的不完整感和寂寞感。我無法獨自生活、我不能獨處，因為我自己不夠。你知道的比我多、你更美麗、更聰明、更高明、更這個又更那個，所以我想要變成你那樣，而且還要超越你。為什麼？我不知道你是否曾經問過自己這個問題。如果你曾問過，而且如果對你而言，這不僅是個理論性的問題，那麼你就會找到答案……

我想知道人為什麼會想要這麼多東西。人想要快樂、想要尋找上帝、想要富有、想要成名、想要幸福或自由，不論這些事物代表什麼意義——你知道所有這些東西都是人為了渴望而堆砌起來的。人想要擁有完美的婚姻、信仰等等。為什麼？首先，這些渴望代表心靈有多麼膚淺，不是嗎？再說，這些渴望不也證明了我們的寂寞與空虛嗎？

*

八、欲望本身不是問題，如何面對它才是重點

*

讓我們再思考一下欲望這個東西。我們都知道它，不是嗎？欲望自我矛盾、令人苦惱，還會朝著痛苦、混亂、焦慮、折磨、控制等不同的方向拉扯。在這場與欲望的永無止盡的戰爭中，我們搓揉出各種形式與不同認知的欲望。然而，欲望始終在那裡，不斷地看著、等著、推著。你想怎麼做就怎麼做，不論是讓它昇華，或逃離、否定、接受

它，還是放任它，欲望始終在那裡。我們都知道那些宗教導師與其他人曾說過我們應該無欲無望、應該培養超然的態度、應該擺脫所有欲望——但這些說法真是荒謬，因為人應該去理解欲望，而不是去摧毀它。如果你摧毀欲望，你就摧毀了生命本身。如果你曲解了欲望，或塑造、控制、主導、壓抑欲望，你可能就摧毀了某些不凡的事物。

第七章 自尊、成功與失敗

＊

一、自尊

＊

我們把自己放在不同的高度上，然後不斷地從這些高度上跌落。我們對這樣的跌落感到羞恥。自尊是我們羞恥的原因。我們必須理解的是自尊，而非跌落。如果沒有那個你放置自己的高台，哪兒來的跌落？

＊

二、你就是你

＊

你為什麼要把自己放在一個名為自尊、人性尊嚴、理想或其他名稱的高台上？你若能理解這個問題，就不會對過去感到羞恥。羞恥將完全消失。你就是你，沒有那個高台的你。如果沒有那個高台，沒有讓你俯視的高度，那麼你就只**是**你一直在逃避的那個東西。因為逃避現狀以及真實的你，你才會有混亂與痛苦、羞恥與抗拒。你不必告訴我或其他人真實的你是什麼樣子，但你要認識你自己真實的樣貌，不論那是什麼樣子，不論那會不會讓你愉悅：與真實的自己共處，不要辯解，也不要抗拒。與真實的自己共處，不要為之命名，因為那個名稱代表了譴責或認同。與真實的自己共處，不要害怕，因為害怕會阻礙溝通。

*

三、野心遮蔽了心靈的清明

*

提問者：老師，日常生活中的思想有什麼用處？

克里希那穆提：思想的作用在於明理，在於清楚、客觀、有效與準確地思考。你若被自己的虛榮、成功或滿足所圈限，你就無法準確、清楚而有效地思考。

＊

四、野心就是恐懼

＊

野心對這個世界造成了什麼影響？很少人想過這個問題。當某人努力站在別人頭上時，當每個人都試著成就什麼、得到什麼時，你是否想過他們心中藏著什麼？如果你看著自己的內心，看到了你野心勃勃、努力想成為宗教界或世界上的重要人物，你會發現你的心中住著恐懼的蟲。有野心的人是最害怕的人，因為他害怕成為真實的自己，因為他說：「如果我就是我，我就誰都不是了，因此我必須成為重要的人，我必須變成工程師、列車長、官員、法官或部長。」

＊

五、興趣與野心相同嗎？

＊

提問者：如果某個人的野心是成為工程師，難道這不代表他對這件事情有興趣嗎？

克里希那穆提：你會說對某件事情感興趣是野心嗎？我們可以為**野心**這個詞下任何意義。野心，如我們一般所知，是恐懼的結果。如果我在小時候就有興趣成為一名工程師，那是因為我愛當工程師，我想要建造美麗的房舍，我想要擁有世界上最棒的技術，我想要建造最好的道路，那代表我熱愛這件事，因此那不是野心。這樣的心沒有恐懼。

野心跟興趣是不同的兩件事，不是嗎？我對繪畫有興趣，我愛繪畫，但我並不想跟最棒的畫家或最有名的畫家競爭，我只是熱愛繪畫。你也許畫得更好，但我沒有拿自己跟你競爭。當我畫畫時，我熱愛自己正在做的這件事情；做這件事的本身，就已經讓我感到滿足。

＊

六、做你熱愛的事

＊

在你年輕的時候，幫助你自己喚醒智慧，好讓你可以自然地找到你的職業，難道不重要嗎？如果你找到了你的職業，而它又是一件真實可靠的事，你會熱愛這份工作。在這樣的熱忱中，不會有野心、競爭、掙扎，也不會為了地位或名聲而鬥爭。或許你還能夠創造出一個新的世界。屆時，在那樣的世界裡，所有老一輩的醜陋事情都不復存在，不論是他們的戰爭、危害、各自的神、毫無意義的儀式、他們的政府或他們的暴力。在這樣的一個地方，老師與你的責任非常重大，因為你們可以創造一個新的世界、新的文化、新的生活方式。

七、你若喜歡花，就當個園丁

＊　＊

現在的世界上，每個人都在對抗著誰。一個人比另一個人高貴或低下。沒有愛、沒有關心、沒有思想。每一個人都想成為重要的人。國會議員想成為國會議長或部長。永遠都在爭鬥，我們的社會是持續不斷的鬥爭，而這個鬥爭被稱為想要成就某件事的野心。老一輩的人鼓勵你那樣做。你必須野心勃勃、你必須功成名就、你必須跟有錢的人結婚、你必須交對的朋友。過去那一代的人，那些害怕、心中醜陋的人，試著讓你變得跟他們一樣，而你也想要和他們一樣，因為你看到了那樣的光彩。當統治者駕臨，每個人都彎腰行禮……

這就是你為什麼應該找到正確職業的原因。你知道職業是什麼意思嗎？那是你自然就愛去做的事情。畢竟，教育的目的、學校的功能，就是要幫助你獨立成長，你不會野心勃勃，卻能找到真正的職業。有野心的人永遠找不到他真正的職業。

全然且實在地根據你所想的去做美好的事，這不是野心。因為不是野心，所以沒有恐懼。

八、比較會帶來競爭和野心

＊　＊

我們總是拿自己與別人比較。我若遲鈍，我就想變得聰明。我若淺薄，我就想變得有深度。我若無知，我就想變得聰明又博學。我總是拿自己和別人比較、我總是評斷我自己——更好的車、更好的食物、更好的家、更好的思考方式。比較會帶來衝突。你的了解來自於比較嗎？當你比較兩張照片、兩首曲調、兩次落日，當你拿那棵樹與其他樹比較時，你了解其中任何一方嗎？或者，只有在沒有比較的時候才會了解？

可不可能沒有任何比較？可不可能永遠不要拿其他人、其他概念、其他英雄人物或其他模範來詮釋自己？因為當你用「應該怎麼樣」或「曾經怎麼樣」來比較、衡量你自己時，你就看不到你是什麼。請聽我說。這其實很簡單，所以聰明的你或許沒注意到。我們問的是，可不可能生活在完全沒有比較的世界中。不要說不可能。你從來沒有這麼做過。你不可以說：「我做不到，不可能，因為我就是被設定要去比較。」在教室裡，小男孩跟其他人比較時，老師會說：「你不像他那麼聰明。」當老師拿乙和甲做比較的時候，他就摧毀了乙。這樣的過程在我們的生命中不斷出現。

九、比較會阻礙心靈的清明

＊　＊

我們以為比較是進步、了解與智力發展的必要條件。我不認為如此。當你拿這張照片與其他照片比較時，兩張照片你都看不到。唯有在沒有比較的時候，你才能好好地看著一張照片。所以，可不可能用同樣的道理，活出一個永遠不在心理上與其他人比較的生活呢？永遠不要跟張三或李四比較，不論這些人是誰，也不要跟英雄、神或理想人物相比。一個不論在任何層面上都完全不比較的心靈，會變得特別清澈，因為它看到的是事物的**本然**。

＊

十、成功與失敗

＊

只要我們以成功為目標，我們就無法消除恐懼，因為成功的欲望無可避免地會生出失敗的恐懼。這就是為什麼年輕人不應該被教導去崇拜成功。大多數人都尋求不同型態的成功，不論是在網球場上、商界或政界。我們都想站在顛峰，這個欲望不斷在我們自己與我們的鄰人間製造衝突；這個欲望導致競爭、嫉妒、敵意，最終帶來戰爭。

猶如老一輩的人，年輕人也在追尋成功與安全感，儘管一開始他們或許會對此不滿，但很快地他們會變得愛體面，害怕拒絕社會。他們自己的欲望之牆開始圍住他們，然後他們會落入前人的窠臼，接下權威的韁繩。其實他們的不滿代表著探究、尋找與理解的火焰，但這些不滿的火焰慢慢黯淡、消失，取而代之的是對更好的工作、與有錢的人結婚、追求更成功的事業的欲望，而所有這些都是在渴望著更多的安全感。

年長與年輕之間並沒有本質上的差異，因為他們都是自己的欲望與滿足感的奴隸。成熟與年齡無關，而是來自於了解。年輕人或許比較容易擁有探尋的熱情，因為年長者經過了生活的打擊、衝突的消磨，死亡又以不同形式等著他們。然而，這並不代表年長者無力進行有意義的探尋，只是對他們而言比較困難。

許多成人不但不成熟，而且相當幼稚，這也是這個世界混亂與悲慘的原因……

我們多數人追求的是安全與成功；一個追求安全感、渴望成功的心靈並不明智，因此無法整合各種行動。一個人唯有清楚認識自己的環境和自己的種族、國家、政治與宗教成見，才能有整合的行動；換言之，唯有理解個人的道路永遠都是獨立的，才能有整合的行動。

十一、深入挖掘生命

＊　＊

人生像是一口深井。你可以只用小桶子汲出一點點水，也可以用好幾個大容器汲出大量足以滋養與維繫生命的井水。年輕是探究、實驗一切事物的時候。學校應該教導年輕人發掘自己的使命與責任，而不只是拿事實與理論知識填滿他們的心靈。學校應該是年輕人可以無懼、快樂與完整成長的一方沃土。

第八章

寂寞、沮喪、混亂

一、寂寞與孤獨一樣嗎？

* *

我們都知道寂寞，不是嗎？一個覺得自己寂寞的心靈，會感受到恐懼、悲慘、敵意。你也許擁有財富和喜悅，你也許擁有了不起的才能與幸福，但你內心總有一片潛藏的寂寞陰影。富有的人、苦苦掙扎的窮人、寫作者、創造者、崇拜者，他們全都認識這種寂寞。寂寞時，心靈會做些什麼？心靈會打開收音機、選一本書，逃離**事物的本然**。各位讀者，請務必聽我說（不是聽我說的一字一句，而是這些話的運用）：觀察你自己的寂寞。

當心靈覺得自己寂寞時，它會逃走和躲避。這種躲避，不論是遁入宗教抑或進入戲院都一樣，都是對於**本然**的逃避。藉由酗酒逃避的人並沒有比藉由崇拜上帝逃避的人更不道德；兩者都一樣，都是在逃避。當你觀察到寂寞的事實時，如果沒有逃避，就不會與寂寞對立，然後心靈會根據自身知識的框架來譴責寂寞，而若沒有譴責，那麼心靈對這個所謂「寂寞」的東西的整體態度，就已經有了改變，不是嗎？

*

二、寂寞是沮喪；孤獨是快樂

*

寂寞是一種孤立的狀態，因為心靈將自己給包圍起來，切斷了自己與每一段關係、每一件事物的連結。在那樣的情況下，心靈認識了寂寞，但若我們可以不去譴責它，那麼它雖然察覺到寂寞，但不會逃避，則寂寞必定會轉變。這種轉變可以稱為「孤獨」——你用什麼詞彙並不重要。在那樣的孤獨中，沒有恐懼。感覺到寂寞的心靈之所以會恐懼，是因為它藉由不同的活動來孤立自己。然而，如果覺知到這樣的狀態沒有選擇，也就是說不去譴責它，那麼心靈就不再寂寞，而僅是處於一種孤獨的狀態，在這樣的孤獨中，沒有墮落，也沒有自我禁錮。人必須孤獨。從這個角度來說，這樣的孤獨必須存在。寂寞是一種挫敗的狀態，但孤獨不是，而且孤獨並不是寂寞的反面。

當然，各位讀者，我們必須孤獨，獨立於各種影響、各種強迫、各種要求、渴望與希望之外，這樣心靈就再也不會陷入挫敗的行動中。這種孤獨是必要的，它是一件發自內心的事。然而，如果不了解寂寞的問題，心靈就無法走到這一步。我們大多數人都寂寞，我們所有的行動都是沮喪的行動。快樂的人不是寂寞的人。快樂是孤獨，而孤獨的行動與寂寞的行動完全不同。

＊

三、不寂寞地活著，可能嗎？

＊

我們難道察覺不到我們內在的空虛、絕望與寂寞嗎？就是那種不依賴任何事物，也沒有誰可以仰望的狀態。我們難道不熟悉那種沒有原因卻特別寂寞、特別難過的片刻嗎？那是一種在思想的顛峰所感受到的絕望。我們不熟悉這種寂寞嗎？難道不是這種寂寞迫使我們去追求成功、去享受盛名嗎？

我能夠與那樣的寂寞共處，而不去逃避它，不試著藉由某些行動來獲得滿足嗎？我能夠與之共處，而不去改變它，不試著塑造它或控制它嗎？如果心靈做得到，或許它可以超越那種寂寞與絕望。這並不表示心靈要充滿希望或全心奉獻，剛好相反。我若能了解並活在那樣的寂寞中，也就是活在那種沒有任何原因就出現的由害怕、憂慮所造成的寂寞中——當我認識到這種寂寞時，心靈有可能與之共存，不試著推開它嗎？

＊

四、心靈若能平靜，依賴就會停止

心靈若能處在斷絕與所有事物、所有思想、所有支撐、乃至所有依賴的關係中，那麼這樣的心靈有沒有可能在實際上而非理論上超越一切？唯有當心靈完整經歷過那種寂寞、空虛、沒有依賴的狀態，才可能超越一切……行動也才有可能不再透過「我」這個隘口而出發。

＊

五、沒有自我，就沒有寂寞

＊

你愈在意你自己，你就愈孤立，自我意識就是孤立的過程。然而，孤獨並不是孤立。唯有當寂寞結束時，才會有孤獨。孤獨是一種所有影響完全終止的境界，不論這些影響來自於外在，抑或出自記憶的內在影響；也唯有處在孤獨境界中的心靈，才會變得清明。然而，要走到這一步，我們必須了解寂寞這種孤立的過程，也就是自我以及自我的活動。因此，了解自我就是停止孤立的開始，也就是停止寂寞的開始。

＊

六、寂寞是一種現實，還是一個杜撰的用詞？

＊

如果我們繼續深入探究，就會出現一個問題：我們稱之為寂寞的那個東西，是一種現實，抑或只是一個用詞。寂寞是現實，還是一個跟我們想像不太一樣的用詞？難道寂寞不是一種思想、一種思考的結果嗎？也就是說，思考是根據記憶而來的動詞，因為有了那個動詞、那種想法、那些記憶，我們是否就沒有辦法正視我們稱之為「寂寞」的那個狀態？所以，賦予那種狀態一個名稱，或許正是恐懼製造出來阻止我們更近距離看著它的結果；如果我們不給予那種狀態一個由心靈所杜撰出來的名字，那種狀態還會是寂寞嗎？

＊

七、安於孤獨，不去逃避，看看會發生什麼事

＊

你曾經試過獨處嗎？當你真的要這麼做時，你就會知道有多困難，也會知道當我們必須獨處時，需要很大的智慧，因為心靈不會讓我們孤單獨處。心靈會變得浮躁不安，自顧自的逃避，所以我們會怎麼做呢？我們會試著用已知的事物填充這種異常的空虛

感。我們會積極行事、社交、閱讀、打開收音機。我們會用我們知道的東西填入那個我們不了解的東西裡面。我們會試著用各種知識、關係或事物填入那個空虛中。難道不是這樣嗎？這就是我們的歷程，也就是我們的存在。現在，當你了解你正在做的事，你仍然認為你可以填滿那種空虛嗎？你嘗試過各種方式要填滿寂寞的空虛，但你成功過嗎？你試過看電影，沒有成功，於是你轉而追求精神導師和看書，或者你熱中社會活動。你曾經成功填滿過那種空虛，或僅是遮掩它？若你只是遮住它，空虛依然在那裡，它還會再回來。若你逃離它，那麼你只是被拘禁在另一個庇護所裡，不然就是變得遲鈍。這些就是這個世界正在發生的事情。

＊　＊

八、事實就是：我們都是空虛的

這份空虛、這份空洞，能夠被填滿嗎？若不能，我們可以逃離它、躲開它嗎？如果我們經歷過它，卻找到一個毫無用處的逃避方法，是否表示所有其他的逃避之途都沒有價值了呢？不管你用什麼東西來填補空虛，都不重要。所謂的冥想也是一種逃避。改變逃避的方式沒有太大意義。那麼要如何處理這種寂寞呢？唯有在停止逃避的時候，你才會知道該怎麼做。難道不是這樣嗎？當你願意面對現實時，也就是當你可以不打開收音機、不管別人怎麼想時，寂寞就會終止，因為它已完全蛻變，再也不是寂寞了。

＊

九、沮喪是活在自我之內的生活

＊

提問者：覺知與內省有什麼不同？是誰在覺知？

克里希那穆提：首先，讓我們檢驗我們所謂的內省是什麼意思。我們所說的內省是指看清楚一個人自己的內在，檢視自己。一個人為什麼要檢視自己？為了進步、為了改變、為了修正。你為了成為重要的人物而內省，否則你不會想要這麼做。如果沒有修正、改變，或變得比現在更好的這些欲望，你不會檢視自己。這是內省的明顯理由。我生氣，於是我內省，檢視我自己，目的是想擺脫、修正或改變憤怒。內省就是想要修正或改變自我的欲望，因此總是有個預定的目的。而當那個目的無法達成時，就會出現不好的情緒，也就是沮喪。因此內省總是必然與沮喪共行。

＊

十、自我反省帶來沮喪

＊

你是否曾注意過，當你為了改變自己而反省自己、檢視你自己的內心時，總是會出現一波沮喪，一波你必須對抗的低落情緒。而為了克服那樣的情緒，你必須再次檢視自己。內省是個沒有釋放的過程，因為它是將**本然**轉變成一個非真實面貌的過程。顯然那正是我們反省自己或沉迷於這個行為中會發生的事情。在這個行為中，總是會有一個累積的過程，那是「我」為了改變某樣東西而檢驗它。所以一直都會存在著衝突，也因此會造成挫敗。整個內省過程中沒有任何釋放點；一旦了解到那種挫折的存在，就會出現沮喪。

覺知則完全不一樣。覺知是一種不帶譴責的觀察。覺知帶來理解，因為它沒有譴責或認同，只有沉默的觀察。如果我想要了解某件事情，我必須觀察，但我絕對不能批評、譴責，也不能將之當作喜悅來追求，或當作非喜悅來逃避。只有對事實的沉默觀察。覺知時，只有對萬事萬物的覺知，沒有盡頭。當譴責、認同或辯解出現時，觀察與隨之而來的理解就會戛然而止。

＊

十一、內省是以自我為中心，覺知是觀察

＊

內省是自我改進，因此內省也是以自我為中心。覺知則不是自我改進，相反的，它是自己或「我」的結束，包括我所有的特質、記憶、要求與追求，都一併結束。內省帶

有譴責或認同，但覺知沒有；覺知不是自我改進。內省與覺知有著極大的差異。

想要改進自己的人永遠無法覺知。因為改進意味著譴責與達到某個結果。而覺知是沒有譴責、沒有否定也沒有接受地觀察。那樣的覺知始於外在事物、始於感知、始於接觸，也始於自然。首先，是對一個事物的覺知，對事物、對自然的感覺，接著是對人的感覺，亦即對關係的感覺。還有對思想的覺知。這種對於事物、自然、人以及思想的感覺，並非各自構成，而是一整個過程。這個過程就是不斷地觀察一個人內在出現的事物、想法、感覺與行動。

*　　*

十二、需要精神醫師來解決我們內在的混亂嗎？

提問者：我們的許多疾病都是身心相關的疾病，這是已知的事實，這些疾病源自於我們通常無所覺知的內在挫折與矛盾。我們必須像奔向醫生求助般，跑去向精神科醫師求救嗎？或者有其他方式可以讓一個人擺脫這種內在的混亂？

克里希那穆提：你的問題又引出了另一個問題：精神醫生的立場是什麼？我們當中那些有某種疾病的人，他們的立場又是什麼？那些疾病是因為我們情緒失調才發生的嗎？或者情緒對這些疾病其實並不重要？我們大多數人都覺得不安、困惑、處在混亂中，甚至那些有車和所有其他東西的成功人士也不例外；因為我們不知道如何應付這種不安，所以它反映在生理上，產生了疾病，這一點相當明顯。問題是：我們必須求助於精神科醫生，請他們掃除我們內在的不安，才能重獲健康嗎？或者我們可以自己去找出如何擺脫不安、困惑、焦慮與恐懼的方法？

我們為什麼不安？什麼是不安？我想要某樣東西，但我得不到，於是我就處在不安的狀態中。我想要藉由我的孩子、妻子、財產、地位、成功或所有其他的一切來實現願望，但是我受到了阻礙，我因此感到不安。我懷有雄心壯志，可是其他人超越了我；再一次，我陷入了混亂不安，這些情況都會引起生理反應。

*

十三、何謂混亂？

*

你我能夠擺脫這些混亂與困惑嗎？你了解嗎？什麼是混亂？唯有當事實加上了我以為的事實，也就是加上我對於事實的看法、漠視、迴避、評斷之類的，才會產生混亂。我若能夠不帶任何評斷地看著事實，就不會有混亂。如果我認定了一條通往凡圖拉城的路，就不可能出現任何混亂。混亂只有在我以為或我堅持這條路通往別處時才會出現——這也是我們大多數人的狀況。

*

十四、我們的看法混淆了事實

*

我們的看法、信仰、欲望、野心是如此強烈，重重地壓著我們，以致於我們無力好好看著事實。

因此，事實加上意見、判斷、評估、野心以及其他一切，就帶來了混亂。徬徨混亂的你我，可以不採取任何行動嗎？當然，任何源自於混亂的行動必然導致進一步的混亂，所有這些都會作用在身體和神經系統上，因此產生疾病。處於混亂之中的人要看清楚混亂，需要的不是勇氣，而是思想和知覺必須有一個程度的清明。我們大多數人都害怕承認我們感到混亂，於是我們在混亂之下選出領導人、政治人物；然而，當我們因為混亂而選擇某樣東西時，那個選擇必定也是混亂的，因此那個領導人也一定是混亂的。

*

十五、心靈的清明就是行動

*

那麼有沒有可能覺知我們的混亂、了解混亂的原因之後，卻不採取行動？當混亂的心靈採取行動時，它只會製造出更多的混亂；一個覺知到自己的混亂，並了解整個混亂過程的心靈，不須要任何行動，因為心靈的清明就是它的行動。我想對大多數人來說，要了解這一點相當困難，因為我們是如此習慣於活動與行動……

＊　＊

十六、你可以為自己看清楚這一切

我不認為有任何分析師能夠解決這個難題。他或許可以暫時幫助你順從他稱之為常態的某種社會模式，但是問題要比那個更深入，而且除了你自己，沒有人可以解決。你和我造就了這個社會；這個社會是我們的行動、我們的思想，以及我們存在的結果。如果我們不了解製造出這個結果的主體，只是試圖改變它的產物，那麼我們一定會有更多的疾病、更多的混亂，以及更多的罪行。自我了解會帶來睿智與正確的行動。

第九章

停止才能不再受苦

*　*

一、重要的不是進步，而是改變

在我看來，最難理解的一件事，就是「改變」這個問題。我們看到各種不同形式的進步，但進步中有根本的改變嗎？我不知道這個問題是否曾經讓你傷神，也不知道你是否曾經想過這個問題，不過現在也許值得深入思考。

我們看到進步這個詞的顯性意義：新的發明、更好的車、飛機、冰箱、進步社會表面的和平，諸如此類。然而，這樣的進步為人類、為你我，帶來了徹底的改變嗎？表面上，這樣的進步的確改變了我們的生活行為，但它能夠根本地改變我們的思想嗎？這種根本性的改變要如何產生？我覺得這是個值得思考的問題。自我改進中帶有進步，我明天會變得更好，會更仁慈、更慷慨，會少一點嫉妒、少一點野心。但是自我改進會改變一個人的思想嗎？或者根本沒有改變，只有進步？進步隱含了時間，不是嗎？今天我是這樣，明天會變成更好的那樣。也就是說，在自我改進、自我否定或自我拒絕中，都存在著進步這種朝向一個更美好生活前進的心態，那代表一種環境適應，順應一種改善的模式，被一種更高貴的方式制約。我們總是看到進步的發生。你一定跟我一樣想知道進步是否帶來根本的變革。

對我而言，重要的不是進步，而是改變。請不要像大多數已發展國家中的人一樣，對變革兩個字懷有恐懼。在我看來，除非我們了解不僅社會要有進步，我們的觀念也有徹底改變的必要性，否則進步只是悲傷的過程；它可能具有鎮靜的效果，可能可以撫平傷痛，卻不能終止總是隱而不見的悲傷。畢竟，從隨著時間而變得更好的這個角度來看，進步真的只是自己，只有「我」與「自我」。自我改進顯然是決心要變好，要這樣變多一點，那樣變少一點。一如冰箱與飛機的改進，自我也有進步，然而那種改進、那種進步，並不能讓心靈擺脫悲傷。

*
*

二、不要只是重新布置你的牢房

如果我們想要了解悲傷，以及或許是終止悲傷，我們就不能再用進步的角度來思考，因為一個以進步的角度思考事情的人，當他說明天會快樂時，他其實是活在悲傷中。想要理解這個問題，一個人必須深入意識的問題，不是嗎？這個議題太困難了嗎？繼續探討，我們再來看看。

我若真的想了解並終結悲傷，我不僅要找出進步的意涵，還必須找出一個人想要改進他自己什麼，我也必須知道這個人努力改進的動機又是什麼。這些都是有意識的。每日的活動都有其表層意識：工作、家庭，以及社會環境的不斷適應，不論那是快樂、輕鬆，還是懷著恐懼。另外還有更深層的意識，那是數百年來人類巨大的群體繼承……

我們試著為自己找出思想的意義，以及心靈有沒有可能擺脫悲傷——不是為了改變悲傷的型態，或布置悲傷這個監牢，而是為了徹底除去悲傷的種子。在深入探索這個議題時，我們應當明白進步與心理變革之間的差異，若真有可能擺脫悲傷，心理變革會是必要的條件。

三、觀察悲傷在哪裡：你自己的意識

＊

我們並不是要試著改變我們的意識，我們也不是要對我們的意識做些什麼，我們只需要看著它。當然，如果我們真的有敏銳的觀察力，而且稍微感知到什麼東西，我們就會知道表層的意識。我們可以看到表面上我們的心靈很活躍，忙著調適、工作、賺錢生活、表達愛好、展現才能與天分，或忙著獲取技能和知識；我們大多數人都滿足於活在那個膚淺的層次。

＊

四、我們為什麼要接受膚淺生活的痛苦？

＊

現在，我們可以繼續探索，看看這種表面調適的動機。同樣的，如果你稍微察覺到這整個過程，你就會知道這種對看法與評價的調整、這種對權威的接受，都是出於延續和自保的動機。如果你能再更進一步探索，你會發現這股巨大的淺流，是由種族、國家以及族群的本能，所有人類的掙扎、知識和努力，以及印度教、佛教或基督教的教條、傳統的累積，再加上千百年來所謂教育的殘餘所匯聚而成——所有的這些，將心靈限制在一個特定的模式中。如果你還可以再繼續深入，就會發現裡面還有想生存、想成功，以及想成名的原始欲望，這些欲望以不同的社會活動型態呈現在表面，並製造出根深柢固的焦慮與恐懼。簡單來說，所有東西都是我們的意識。換言之，我們的思想就是奠基於這種想要什麼以及想成為什麼的基本衝動上，而在這個衝動之上，還有層層的傳統、文化、教育，以及一個特定社會的表面條件——這一切都強迫我們遵循那套能夠讓我們存活下去的模式。儘管這些東西還存在著許多不同的細節與奧妙，但在本質上，這就是我們的意識。

＊

五、進步無法終結悲傷

＊

意識中的任何進步都是自我改進，但自我改進是一個悲傷的過程，不是悲傷的終結。如果你正視這個問題，你就會看到。如果心靈想要擺脫所有悲傷的糾纏，那麼心靈要做什麼呢？我不知道你有沒有想過這個問題，但請你現在想一想。

我們都在受苦，不是嗎？我們受的苦不只來自身體疾病，也來自寂寞以及生活的貧乏。我們受苦是因為沒有人愛我們。當我們愛某人，卻沒有得到回報時，就有悲傷。不論怎麼看，思想就是充滿了悲傷，因此似乎最好不要去想，於是我們接受了一個信仰，沉滯其中，我們稱這個信仰為宗教。

但如果心靈知道無法藉由自我改進的過程來終止悲傷，那麼它要做什麼？心靈能夠超越意識、超越各種不同的衝動及互相矛盾的欲望嗎？可以超越時間這回事嗎？請聽我說，不要只注意文字，而是真正地聽。如果是時間的問題，那麼你又繞回了進步這個問題。你了解嗎？在意識的框架中，任何方向的任何進展都是自我改進，因此也是悲傷的延續。悲傷或許可以控制、規範、征服、合理化、改變，可是它始終存在著；要擺脫它，必須先擺脫這種潛在性，擺脫這個「我」、「自我」的種子，也擺脫整個想成為什麼的過程。要超越這些，一定要斷絕這樣的過程。

* *

六、藉由進步，悲傷不會結束

若你說：「我如何才能超越這一切？」那麼這個「如何」就變成了方法、做法，它依然是進步，因此沒有超越，只是悲傷中意識的改變。我希望你懂得我說的這些。

心靈以進步、改善、時間的角度來思考，這樣的心靈明白所謂的進步只是悲傷的過程後，是否有可能結束這樣的思考？不是早晚結束，也不是明天結束，而是立即結束。若不如此，你就會回到那整個過程中，回到那熟悉的悲傷迴圈中。若這個問題能被說清楚、了解透澈，那麼你就會找到答案。

＊

七、日復一日地放下所有累積的存在

＊

要超越、凌駕所有這些，需要極大的專注力。在這種完全的專注中，沒有選擇，也不會想要成為什麼或改變什麼，只是要讓心靈從強烈的自我意識中釋放出來；唯有這樣，才沒有累積過去的經驗者，也唯有這樣，心靈才能真正地說自己擺脫了悲傷。累積過去正是悲傷的原因。我們要一天一天地停止所有一切；不只要停止所有數不盡的傳統，也要停止對家庭、對我們自己、對他人的欲望。一個人必須時時刻刻拒絕這一切、拒絕累積的巨大記憶，唯有這樣心靈才能擺脫自我這個累積的存在。

第三部
教育、工作與金錢

強迫接受的做法永遠無法喚起智慧以及富創造性的理解。

第一章

何謂教育？

*

一、正確的教育類型

*

無知的人並非沒有受過教育的人，而是不認識自己的人。當受過教育的人仰賴書本、知識與權威帶來了解時，他便是愚笨的。了解只會來自於自我認識，也就是一個人對完整心理歷程的覺知。因此教育真正的意義在於了解自己，了解我們的內在，也就是我們整個的存在。

我們現在稱為教育的東西，是在累積書本上的資訊與知識，每個識字的人都做得到。這樣的教育提供了一個逃避我們自己的方式，而一如所有的逃避，它無可避免地製造了愈來愈多的苦惱。我們與人、與事、與思想之間的錯誤關係，帶來了衝突與困惑，在我們了解這種關係並改變它之前，單單靠學習、收集事實及獲得各種不同技能，只會讓我們走向會將我們淹沒的混亂與毀滅。

現代社會是組織化的，我們把孩子送去學校學習技藝，讓他們知道怎麼謀生。我們想要讓孩子成為專家或有一技之長，希望這樣能給他們一個安全的經濟地位。然而，培養技藝可以讓我們了解自己嗎？

儘管會讀會寫以及學習工程或其他專業技能很重要，但是技藝能帶給我們了解生命的能力嗎？技藝無疑是次要的；如果技藝是我們努力的唯一目標，我們顯然否定了生命中更崇高的部分。

生命充滿痛苦、喜悅、美麗、醜惡和愛，當我們了解所有這一切都是一個整體時，這樣的了解自然會創造出它自己的技藝。可惜反之並不成立：技藝永遠無法帶來創造性的了解。

＊　＊

二、不了解生命會讓我們愈來愈無情

當今的教育完全失敗，因為它過度強調技藝，這樣會毀了一個人。在不了解生命，對思想和欲望也沒有完全的認識的情況下，培養能力與效率只會讓我們愈來愈無情，而無情又會釀成戰爭，危及我們的生命安全。專業的技能培訓會製造出科學家、數學家、造橋專家、太空征服者；但是他們了解生命的完整歷程嗎？有任何專家能夠完整地體驗生命嗎？只有當他不再是專家的時候。

*　*

三、只有專業和職業是不夠的

在某種程度上，對某些人而言，科技進步的確解決了某些類型的問題，卻也引起了更廣與更深的爭議。生活在某一個高度，無視生命的整個歷程，將招致不幸與毀滅。每一個人最大的需求與最迫切的問題，就是對生命有一個完整的了解，讓他能夠應付生命中愈來愈多的複雜性。

不論技藝或知識多麼不可或缺，都無法解決我們內在和心理的壓力與衝突，也因為我們在不了解生命整個過程的情況下取得了技藝和知識，以致於科技成為一種摧毀我們的手段。一個知道如何分裂原子卻心中無愛的人，就成了怪物。

我們根據自己的能力選擇一份職業，但從事一份工作可以引導我們走出衝突與困惑嗎？某些類型的技藝訓練似乎是必要的，但當我們已經成為工程師、醫師、會計師，然後呢？專業工作就代表生活圓滿嗎？顯然對大多數人而言是如此。各種專業可以讓我們生命的絕大部分時間都保持忙碌，但正是我們所生產且如此著迷的那些東西，帶來了毀滅與不幸。我們的態度和價值，讓專業與職業成了嫉妒、冷酷以及仇恨的工具。

若不了解我們自己，職業只會導致挫敗，連帶著還會出現透過各種具損害性的活動所引發的逃避。

＊

四、重要的是個人，不是系統

＊

教育不應該鼓勵一個人服從社會，或消極地與社會共存，而是應該幫助他藉由不帶偏見的研究與對自我的認識，去發掘真正的價值。若沒有自我認識，自我表現就變成堅持己見，加上所有隨之而來帶有攻擊性與野心的衝突。教育應該喚醒自我認識的能力，而不僅是耽溺於令人滿足的自我表現中。

如果生命的過程是讓我們毀了自己，那麼學習有什麼好處？我們經歷了一連串毀滅性的戰爭，一場接著一場，顯然我們在教養孩子的方式上，有些地方出了根本的錯誤。我想大多數人都已經覺知到這一點，但是不知道如何處理。

系統，不論是教育系統或政治系統，都不會莫名地就改變了；個人有了基本的改變，這些系統才會改變。最重要的是個人，不是系統。只要個人不了解自己的完整歷程，那麼不論左派還是右派，都無法為世界帶來和平。

＊

五、教育的功能

＊

正確的教育關心個人自由，光是這一點就能帶來整體以及許多人的真正合作。但是這樣的自由無法透過追求個人的發達與成功來獲致。自由源自於自我認識，亦即當心靈超越了它因為渴望自身的安全而創造出來的障礙時，才有真正的自由。

教育的功能在於幫助每一個人發掘所有這些心理障礙，而不僅是把新的行為、新的思想模式加諸到每個人身上。這種強迫接受的做法永遠無法喚起智慧以及富創造性的理解，只會進一步侷限個人。當然，這樣的強迫做法隨處可見，也是我們的問題不斷增加的原因。

＊

六、孩子是我們的財產嗎？

＊

唯有當我們了解人類生命的深層意義時，才可能有真正的教育；然而，若要了解這一點，心靈必須理智地將自己從追求報酬、進而滋長恐懼與服從的情況中解放出來。如果我們把孩子視為私人的財產，如果對我們而言，他們只是我們渺小自己的延續，以及我們野心的實踐，那麼我們就會建造出一個沒有愛，一味追求自私自利的環境與社會架構。

＊　＊

七、什麼是教育所必需的？

什麼是我們的教育所不可或缺的？你的回答可能包括大學、學校、考試或不考試。若僅根據字面的意義來回答，實在很膚淺。身為成熟的人類（如果真有成熟的人類這樣的存在），我們應該做的是深入探討這個問題。你想要你的孩子被教育成光鮮的工作者或官僚，過著悲哀、茫然、空洞的生活，像機器一樣運作嗎？或者，你想要他們成為充滿智慧、有能力、無懼的完整個人？或許我們可想想所謂的「智慧」是什麼意思。僅僅學習知識並不是智慧，也無法製造出有智慧的人類。你也許可以擁有所有的技藝，但那不代表你是個有智慧的人。

八、知識是過去的累積，學習是現在式

＊　＊

獲取知識和學習的行為是不一樣的。你必須兩者兼備。你必須有知識，否則你會不知道你住在哪裡，你會忘記你的名字。在某個程度上，知識是必要的。然而，生命是一種活動，是一種活的、會動的、充滿生氣且隨時都在變化的東西，當知識被用於了解生命，當你無法隨著生命活動時，你就是活在過去，卻又試著了解那個被稱為生命的不凡之物。想要了解生命，你必須分分秒秒學習和它有關的事物，永遠不要以為自己已經學過了。

第二章　比較、競爭，抑或合作？

＊　＊

一、比較會帶來恐懼

與他人比較是阻礙個人安全感的因素之一。當你在學習、遊戲或外貌上與其他人做比較時，你會出現焦慮、恐懼和不確定的感覺。一如我們之前與某些老師討論過的，在學校裡消除這種比較的感覺、這種評分的行為，以及最根本的對考試的恐懼，是非常重要的事。

學習時若帶有自由、快樂和一點興趣，效果會更好。你很清楚當你在玩遊戲、帶著熱情從事什麼活動、散步、開心、健康的時候，學習會更容易。但是有比較、有成績、有考試的恐懼時，你就學得沒有那麼好。

老師只關心你應該通過考試、升上下一個年級；父母希望你在班上名列前茅。他們都沒關心到，你在離開學校的時候應該是個沒有恐懼、充滿智慧的人。

＊

二、競爭是控制人們的方式

＊

提問者：我不想競爭，但在這樣高度競爭的社會裡，一個人不競爭怎麼生存？

克里希那穆提：我們理所當然覺得我們應該生活在這種競爭的社會中，所以我們以這樣的前提出發。只要你說：「我必須活在這種競爭的社會。」你就會有競爭性。社會是貪婪的，它崇拜成功，如果你也想要成功，你自然必須具備競爭性。

但真正的問題要比競爭更深也更重要。競爭的欲望背後是什麼？在每一所學校裡，我們都追求競爭，不是嗎？分數高低、愚笨和聰明，以及不斷告訴我們說只要奮發向上，窮人也可以當上總統或企業主，這些都是競爭的例子——你很清楚這整個過程。我們為什麼要如此強調競爭？競爭背後的意義是什麼？首先，競爭意味著紀律，不是嗎？你必須節制、你必須遵循、你必須服從命令、你必須像其他所有人一樣，或比他們更好，於是你為了成功而鍛鍊自己。請仔細聽我接下來要說的話。鼓勵競爭的地方，就一定會有訓練心靈遵從某種行為模式的過程，這難道不是控制人們的方式嗎？如果你想要成為什麼，你就必須控制、鍛鍊、競爭。我們就是在這樣的教育下長大的，然後再將這樣的教育傳給我們的孩子，結果我們還說要給孩子們去發現和發掘的自由！

有了競爭，便遮蔽了一個人的自我。如果你想要了解你自己，你會跟另一個人競爭、和任何人比較嗎？你是透過比較來了解你自己嗎？透過比較、判斷，你了解過任何事情嗎？如果你想要了解一幅畫，你會拿它與另外一幅畫相比，還是讓你的心靈完全覺知到這幅畫而沒有任何比較的心態？

＊

三、競爭隱藏著對失敗的恐懼

＊

你鼓勵孩子擁有競爭精神，因為你想要讓他在你失敗的地方成功；你想要藉由你的孩子或你的國家來滿足你自己。你認為進步、進化都來自於判斷、比較，但你在什麼時候會去競爭和比較？只有在你不確定你自己、不了解你自己、心中懷有恐懼的時候。了解自己就是了解生命的整個歷程，而自我認識是智慧的開端。沒有自我認識就沒有了解，只有無知，這樣的無知不是成長。

四、競爭是一場外在的表演

＊

要了解自己，需要競爭嗎？我必須與你競爭才能了解我自己嗎？這種對成功的崇拜是怎麼回事？沒有創造力的人、一無所有的人，正是那個總是伸出手、總是希望得到，以及總是希望成為了不起人物的人，因為我們大多數人的內在都很貧乏，且深受這種貧乏所苦，於是我們為了讓外在變得豐富而競爭。這場以舒適的生活、地位、權威、權力作為展現方式的外在表演，讓人覺得炫目，因為這些都是我們想要的。

＊

五、合作就是沒有自我中心

＊

唯有當你我都一無所有時才會有合作。請弄清楚這句話的意義，把這句話想通，並深入想想它的道理。不要只是提問。一無所有的狀態是什麼意義？你說的一無所有又是什麼意思？我們只知道自我行動，也就是以自我為中心的行動……

因此我們很清楚不可能有根本的合作，儘管有人或許基於恐懼、報酬、懲罰等原因而做出表面上的合作，但那顯然並不是合作。

只要有以自我為中心的行動，那麼除了毀滅與決裂，不會有別的結果，也不會有合作。但是如果有人真的非常渴望或非常想弄清楚合作的真諦，不只是表面工夫，而是想促成合作呢？如果你想從你的妻子、你的孩子，或你的鄰人那裡得到合作，你該如何著手？顯然，你要從愛這個人開始！

愛不是心靈的事情；愛不是思想。唯有當自我停止運作時，才會有愛。但是你們把自我行動視為是好的，而這個好的行為會導致毀滅、決裂、不幸、混亂這些你已經非常清楚的一切。然而，我們依然高談合作、四海之內皆兄弟。但基本上，我們只是執著於我們自己的活動。

＊

＊

六、因為愛，所以我們行動

一個真正想要合作，以及想弄清楚合作真諦的人，必須終止以自我為中心的行動。當你我不再以自我為中心，我們就會彼此相愛；你我關心的事情就會是行動，而非結果；不是思想，就只是行動。你我會因此彼此相愛。當我自私的行動與你自私的行動衝突時，我們的思想會朝著我們爭吵的方向投射；表面上我們在合作，但其實我們隨時都掐著對方的喉嚨。

所以一無所有並不是一種意識狀態，當你我彼此相愛時，我們的合作並不是去做一些我們想做的事情，而是去做我們應該做的事情。

如果你我彼此相愛，你覺得骯髒的村落還會存在嗎？我們會行動；我們不會只是理論化，也不會只談論它。顯然，此刻我們心中沒有溫暖或滋養之物，我們談論所有的事情，我們有方法、系統、政黨、政府和法令。然而，文字無法捕捉愛的境界。

愛這個字並不是愛。**愛**這個字只是一個符號，永遠成不了真。所以，不要被**愛**這個字迷惑。

＊　＊

七、你要知道何時不要合作

當你因為內在的變革而知道如何與他人合作時，你同時也會知道何時不要合作，這一點非常重要，或許更重要。與任何說要提供改革、改變的人合作，只會讓衝突與苦惱繼續下去，但是如果我們了解自我的整個過程，知道合作的精神是怎麼回事，那麼就有可能創造一個新的文明，一個沒有貪婪、沒有嫉妒、沒有比較的世界。這不是理論上的烏托邦，而是不斷探索、不斷追求真實與幸福的實際心態。

第三章　工作：你如何決定？

* *

一、熱愛你做的事情

你難道不想知道我們有沒有可能富足、圓滿、快樂又具有創造性地活在這個世界上，不受野心與競爭這種具毀滅性的因素驅策？你難道不想知道如何生活才不會讓你的生活摧毀其他人的生活，或者不會在他們的道路上籠罩陰影？

我們以為這只是個烏托邦的美夢，永遠不會在現實生活中實現。但我談的不是烏托邦。你和我這些簡單平凡的人，是否能夠充滿創造性地生活在這個世界上，不受野心透過權力、地位這些欲望的形式所驅策？當你熱愛你做的事情時，你就會找到答案。你若只是為了生計，為了你父親或社會的期待去當個工程師，那是一種形式的強迫；而任何形式的強迫都會造成矛盾衝突。然而，你若真心喜歡當個工程師或科學家，你就不會只想要得到認同，而是出於喜歡才去種樹、畫畫、寫詩，這時你會發現你永遠都不必和別人競爭。我想這才是真正的關鍵：熱愛你做的事情。

*

二、找出你熱愛的東西

*

當一個人年輕時，要搞清楚自己愛做什麼事情通常很困難，因為你想做的事情太多了。你想要成為工程師、火車司機、翱翔藍天的飛機駕駛；又或者你想成為知名的演說家或政治人物。你也可能想成為藝術家、化學家、詩人或木匠。你也許想用你的頭腦工作，或靠你的手藝工作。在這麼多工作當中，有任何一項是你真正喜歡去做的嗎？或者你對這些工作感興趣，只是為了回應社會的壓力？你要如何弄清楚這一切？教育的真正目的難道不是在**幫助**你去弄清楚，讓你在成長過程中，可以把自己的身心投注到自己真正喜歡做的事情上？

想要弄清楚自己喜歡做什麼，需要極大的智慧，因為你若害怕無法維生或害怕無法融入這個腐敗的社會，那麼你永遠也搞不清楚自己喜歡做什麼。然而，如果你不害怕，如果你拒絕讓父母、師長、社會的膚淺要求把你推進傳統的窠臼裡，那麼你就有可能發掘自己真正喜歡做的事情。因此，若想發掘自己真正喜歡做的事，就必須拋開對生存的恐懼。

可惜我們大多數人都害怕無法生存。我們會問：「如果我不遵照父母說的去做，如果我無法融入這個社會，我會變成怎樣？」因為恐懼，所以我們依照別人告訴我們的去做，這其中沒有愛，只有矛盾；而這種內在的矛盾，正是帶來毀滅性野心的原因。

因此，教育的基本功能就是要幫助你找出你真正愛做的事情，這樣你才能投注於它，這麼做可以創造尊嚴、掃除平庸與狹隘的心態。這也是為什麼好的老師很重要。

＊

三、教學是最高尚的職業

＊

教學若可以稱為職業，那麼它就是最高尚的職業。教學是一種藝術，不僅需要智能的造詣，也需要無盡的耐心與愛。真正的受教育，是指在我們生存的這個廣大領域中，了解我們與萬事萬物的關係，包括金錢、資產、人和自然。

＊

四、生命的喧囂與混亂

＊

提問者：在您談論教育的書中，您認為現在的教育完全失敗。我想請您解釋這一點。

克里希那穆提：難道它不是失敗的嗎？當你走在街上，你看到窮人與富人；當你環顧身旁，你看到世界各地所謂受過教育的人正在爭吵、爭鬥，以及在戰爭中殺害彼此。現在有足夠的科學知識讓我們為所有人類提供食糧、衣物與遮蔽所，但這樣的事情到現在都還沒有實現。世界各地的政治人物與其他的領袖都是受過教育的人，他們有頭銜、學位，也受過高等教育，他們是醫生、科學家，可是他們沒有創造出一個讓人可以快樂生活的世界。所以現代教育是失敗的，不是嗎？如果你滿足於接受同樣的舊式教育，只會為生命製造出另一種喧囂與混亂。

＊

五、你受到他人的擺布嗎？

＊

提問者：我可以知道我們為什麼不應該遵從父母的計畫嗎？畢竟他們是為了我們好。

克里希那穆提：不論你父母的計畫多有價值或多高尚，你為什麼要遵從這些計畫？

你不是隨便受人擺布的人，你不是被放入模型中的果凍。如果你遵從這些計畫，你會變成什麼樣子？你會成為所謂的好女孩或好男孩，然後呢？你知道**好**代表什麼意思嗎？好不是只做社會或父母說的事情。好只會來自於智慧、愛，以及沒有恐懼的時候。如果你害怕，你就不可能是好的。做社會要求的事情，你會受人尊敬，然後社會頒給你一個花圈，說你是個多好的人。但僅是受人尊敬並不是好。

當我們年輕的時候，我們想要叛逆，但我們又想要乖。我們想當好人，對人親切，我們想要體貼、做好事；但我們不知道所有這些的意義，我們乖是因為我們害怕。我們的父母說「要乖」，於是我們大多數人就很乖，但這樣的乖只不過是根據他們為我們訂定的計畫去生活。

＊　　＊

六、什麼是正確的生活？

提問者：正確生活的基礎是什麼？我要如何知道我的生活是否正確，我又要如何在錯誤的社會中找到正確的生活？

克里希那穆提：在一個基本上錯誤的社會裡，不可能會有正確的生活。現在世界各地正在發生什麼事？不論我們過著什麼樣的生活，都會為我們帶來戰爭、不幸與毀滅，這是一個顯而易見的事實。不論我們做什麼，都無可避免地會走向混亂、腐敗、冷酷及悲傷。所以現在的社會基本上是錯誤的；它建立在嫉妒、仇恨與對權力的欲望之上，不是嗎？這樣的社會注定製造出錯誤的生活方式，譬如軍人、政治人物，還有律師。這些職業在本質上就是社會的瓦解因素，律師、政治人物與軍人愈多，社會的腐敗愈明顯。這就是世界各地正在發生的事情：更多的軍人，更多的政治人物與律師，然後很自然地，商人也跟他們沆瀣一氣。這一切都必須改變，才能建立起正確的社會。我們以為這是不可能的事，其實不然，只不過你我必須採取行動。現在不論我們過著什麼樣的生活，都是在造成其他人的痛苦或走向人類的毀滅，這樣的情況已經在我們日常生活中展現出來了。這樣的情況要如何改變？只能在你我不追求權力、不嫉妒、不滿心仇恨與敵視的時候，它才能改變。當你在你的關係中帶來改變，你就幫忙創造出了一個新的社會，一個人們不再受到傳統束縛、不再為自己要求任何事情、不再追求權力的社會，因為這樣的人內心都很富足，他們都找到了真實。唯有這樣的人才能創造出新的社會；唯有真正去愛的人才能為世界帶來改變。

＊　＊

七、自己的改變可以帶來世界的改變

我知道對一個想要在社會結構中找出正確生活的人，上述的說法並不是一個令人滿意的答案。你必須在現有的社會結構中盡力而為，不是當個攝影師、商人、律師、警察，就是從事其他職業。然而，如果你從事了這些職業，你要隨時意識到自己的所作所為，你要有智慧，你要保持覺知，你要對你正在讓它變成永恆的事情有全然的認識，你要認知到社會的完整架構，包括它的腐敗、仇恨、嫉妒。只要你不向這些東西投降，那麼或許你就能夠創造出一個新的社會。然而，在你提出什麼是正確的生活這個問題的那一刻，這些問題就已經無可避免的都存在了，不是嗎？你不滿意你的生活、你想要被羨慕、你想要擁有權力，你想要擁有更多的舒適與奢侈品、地位與權威，因此你無可避免地創造出或維持了一個會為人類、為你自己帶來毀滅的社會。

如果你清楚看到你生活中的這個毀滅過程，如果你知道這是你自己對生活的追求所造成的結果，那麼顯然你就會找到正確的方式。但首先，你必須看到社會的真實狀況：一個瓦解中的腐敗社會。當你清楚看到這個狀況時，你就會知道你的生活方式。你必須看到整個狀況，看到世界的真實樣貌，包括國家派系，還有這個世界的殘酷、野心、仇恨與控制。當你看得更清楚時，你會發現正確的生活方式自然會產生，根本不用去找。但我們多數人的難題在於我們有太多的責任：父母等著我們賺錢供養他們。以社會現況來說，找到一份工作很困難，因此任何工作都好，於是我們墜入了社會的機器裡。然而，那些沒有遭遇到如此強烈的急迫性或不需要立即工作的人，可以清楚看到完整的狀況，這也是他們義不容辭的責任。只是你要知道，那些不在意是否立刻有份工作的人，也受到其他事情的牽絆。他們關心他們的自我發展、他們的舒適、奢侈品與娛樂。他們有時間，卻恣意浪費。那些有時間的人對社會的改造負有責任；那些沒有立即且緊迫的生計需求的人，真的應該關心生存的問題，而不是捲入政治行動或膚淺的活動。那些有時間以及有所謂閒暇的人，應該去了解什麼是真實的，因為他們才是為這個世界帶來變革的人，而不是那些餓著肚子的人。遺憾的是，那些有閒的人並沒有把心力放在這些不朽的功業上。他們的全部心力都用來填滿他們的時間。因此他們也是這個世界悲苦與混亂的一個原因。正在傾聽我說話的你們，有一點時間的你們，應該好好想一想並關心這個問題，透過你們自己的改變，可以帶來世界的改變。

*　*

八、何謂生活？

各位讀者，我們說的生活是什麼？是賺取一個人需要的東西，包括食物、衣物、庇護所，不是嗎？唯有在我們把生活的基本需求，也就是食物、衣物與庇護所，當成了心理的工具時，才會出現生活的困難。換言之，就是我們把這些需要之物和必要之物當成了自我擴張的工具，把這些必需品用於自我的心理擴張。

＊

九、你回饋給社會的是什麼？

＊

如果一個人真的對這整個過程嚴肅以對，用智慧去思考，那麼他所能做的，就是拒絕現在的狀況，為社會竭盡一己之能。也就是說，讀者們，你從社會那裡接受了食物、衣物與庇護所，你就必須回饋社會。

現在，你回饋給社會的是什麼？什麼是社會？社會是一個人與許多其他人的關係；它是你和其他人的關係。你給了其他人什麼？你是否秉持著**給予**這兩個字的真正意義而給予其他人任何東西？或者你只是在交換？

你不需要依賴別人來滿足你的心理需要——唯有做到這一點，你才會有正確的生活方式。

你也許會說，這全都是非常複雜的答案，但其實不然。生命本來就沒有簡單的答案。為生命尋找簡單答案的人，顯然有個愚鈍的心靈。生命沒有結論，也沒有明確的模式；生命就是生活、更替、改變……

如果你與其他人的關係是一種給予，而非貪婪的關係，那麼不論你在哪裡，你都會找到正確的生活方式，即使在腐敗的社會中。

因此，一個人真正的工作是什麼？毫無疑問地，一個人真正的工作是去發掘真實、發掘所謂的上帝，是去愛而不陷入自我圈限。愛存在於這個發掘真實的過程中，而這份存在於人與人之間的愛，會創造出一個不同的文明、一個全新的世界。

第四章　正確行動的基礎是什麼？

*　*

一、為什麼要改變我們自己？

首先，我們為什麼想要改變**本然**？為什麼？因為我們不滿意自己本然的樣貌，因為本然的狀況既矛盾又混亂。因為我們不喜歡這種情況，所以我們想要變得更好、更高尚、更理想。

於是，因為痛苦、不安、矛盾，我們渴望改變。

＊

二、你的自我永遠在追逐卻也永遠都在挫敗

＊

自我的活動單調得令人害怕。自我是一個無聊的個體；它在本質上就沒有活力、沒有重點、沒有用。它的欲望，它的希望與挫折，它的真實與幻想都令人著迷，卻也空虛。它的活動導致它的疲憊。自我永遠都在向上攀爬，卻也永遠都在向下墜落；它永遠都在追逐，卻也永遠都在挫敗；它永遠都在獲得，卻也永遠都在失去。在這種令人疲憊又徒勞的循環中，自我永遠都在試圖逃避。它藉由外在的行動，也就是幻想、酗酒、性、音樂、書籍、知識、娛樂，以及各種不同的方式逃避。自我的活動所帶來的幻想，其力量複雜而巨大。

＊

三、自我的問題無法藉由逃避解決

＊

不論內在或外在，一個人總是在追求忘我。有些人投入宗教，有些人則轉向工作與各種活動。然而，忘記自我的方式並不存在。內在或外在的雜音可以壓抑自我，但它很快又會以不同的型態重新出現，因為被壓抑的東西一定會找到宣洩的出口。藉由酗酒或

性、崇拜或知識的忘我，會產生出依賴，而你依賴的那樣東西便會造成問題。

＊

四、問題永遠無法在它自己的層面上獲得解決

＊

在由自我的行動所主宰的地方，永遠都會產生問題。要覺知到哪些行動是自我的行動、哪些不是，需要隨時保持警慎。

問題永遠不會在它自己的層面上獲得解決。由於問題複雜，所以我們一定要了解它完整的過程。試圖在生理或心理的單一層面上解決問題，只會引導出更多的衝突與混亂。要想解決問題，就必須要有這樣的覺知，以及了解問題產生的完整過程。

＊

五、年輕是播下人生種子的時候

＊

我不認為年輕、中年與老年的問題可以分割；年輕並不是一個特殊的問題。看起來或許是那樣，因為年輕人剛開始他們的生活。我們若不是一開始就把自己的生活搞得一團亂，從此陷入麻煩、不確定、不滿意以及絕望的泥沼中，要不就是趁年輕的時候奠下正確的基礎。我想那可能是唯一的機會……

所以我認為當一個人年輕，還不需要承擔家庭、工作及所有的活動與苦惱時，他可以在這個時候開始播下將來會開花結果的種子，而不是為了日常的生活而迷失在各種沒有意義與荒謬的追求中。

*

六、心靈的塑造是受限的

*

總是有人會告訴我們要思考什麼、不要思考什麼。我們周圍的書籍、師長、父母與社會，全都在告訴我們要想什麼，但他們從來沒有幫助我們**如何**思考。知道要思考什麼相對來說比較簡單，因為從我們小時候開始，我們的心靈就受限於文字和既有的觀念與成見。我不知道你是否注意到大多數老人家的心靈有多麼死板；它們就像模具中的黏土，極難破繭而出。這種心靈的塑造是受限的。

*

七、正確的行動是在生命改變的時候聆聽它，而不是熟記規矩

*

具有創造性力量的是**了解**，不是記憶，也不是回憶。了解才能得到自由，而不是那些你在自己心靈中儲存的東西。

生命是你要傾聽的對象，也是你要揚棄累積的經驗去了解的對象……生命就像河水奔流，快速而善變，永遠不會靜止。當你背負著記憶的重擔與生命相遇時，你自然永遠無法了解生命……只要我們背負著記憶的重擔，就不會有新鮮的事情；而我們也無法了解始終保持新鮮的生命。因此我們的生存就會變得非常單調，我們會變得毫無活力，長成心理與生理都肥胖與醜陋的人。

*

八、正確的行動不是服從

*

我的意思不是指漠視交通規則、禮節或大眾福祉。不論幾歲，我們大多數人都會服從、遵循與模仿，因為我們內心對於不確定感到恐懼。不論財務還是道德面，我們都想要掌握、想要得到別人的肯定。我們想要處於安全的位置、想要被限制，永遠不必面對麻煩、痛苦、折磨……阻止我們傷害其他人的原因，其實是我們對懲罰的恐懼。

*

九、為了你自己而去了解生命的所有問題

*

當我們年歲漸長，接受了所謂的教育後離開學校，我們必須面對許多問題。我們要

選擇什麼樣的職業，才能讓我們在其中感到圓滿並得到快樂？在什麼樣的職業或工作中，我們才能感覺到自己不是在剝削他人或無情待人？我們必須面對苦惱、災難與死亡的問題。我們必須了解飢餓、人口過多、性、痛苦、喜悅等事情。我們必須處理生命中許多令人困惑與矛盾的事情，譬如男人與男人、還有男人與女人之間的爭吵，又或者內在與外在的掙扎。我們必須了解野心、戰爭、軍人的精神，以及那個被稱為「和平」且比我們認知的更為重要的奇妙東西。我們必須了解宗教的重要性，它不僅是臆測或形象的崇拜。我們還要了解那個被稱為「愛」的怪異且複雜之物。我們必須看到生命的美麗、飛翔的鳥兒，也要關心乞丐、窮人、醜陋的建築、散發惡臭的道路，以及噁心的寺廟。我們必須面對所有這些問題。我們還必須面對我們要追隨誰或不追隨誰，以及我們是否應該追隨任何人的問題。

我們大多數人在意的是隨處製造一些小改變，這樣我們就感到滿足了。年紀愈大，我們愈不想要有任何深層的改變，因為我們害怕。我們不願意以完整蛻變的角度去思考，只思考表面上的改變。如果你深入檢視這個問題，你會發現表面上的改變根本不是改變。它不是革命性的改變，只是把既存的事情做一些修改，然後再繼續下去。所有的這些事情，你都必須從照顧自己的快樂與痛苦，再照顧許多人的快樂與痛苦的角度去面對。先檢視自己的野心與對野心的自私追求，再看看其他人的野心、動機與追求。你必須面對合作，面對你自己與其他人的腐敗、心靈的墮落，以及內心的空虛。你必須知道所有這一切，你必須為了你自己去面對與理解這一切。

＊

十、思考者未曾解決過人類的問題

＊

思想無法解決我們的問題。那些聰明的人，還有哲學家、學者、政治領袖，都沒有真正解決過我們人類的任何問題——也就是你和其他人、你和我之間的問題。

＊

十一、智慧來自於自我的自由

＊

唯有當你從自我、也就是從「我」中解脫時，才有可能找到智慧。換言之，也就是當心靈不再需求「更多」，也不再陷入想要變得更偉大、更聰明、更有經驗這種欲望時，才能找到智慧。

＊十二、不要以暴制暴＊

當你踏出校園面對這個世界時，我覺得重要的不是向各種影響的力量屈服或低頭，而是要用溫和的態度，以及不會進一步製造世界衝突的堅強的內在力量，正面迎接並了解這些影響的真實面貌，看清楚它們真正的意義與價值。

第四部

我們的各種關係

關係是一面你可以從中發覺自己的鏡子。
你只存在於關係中，否則你就不存在。

第一章

何謂關係？

一、關係只是我們為彼此創造的一個形象

＊　＊

當我們使用**關係**這個詞時，我們指的是什麼？我們真的和任何人有過任何關係，或者關係只是我們為彼此創造的一個形象？你在我心中有個形象，我在你心中也有個形象。你是我的妻子、丈夫或任何其他身分；我對你來說也是一樣。關係就存在於這樣的形象中，再無其他。唯有當沒有任何形象時，才可能有關係。當我們看著彼此，沒有記憶的形象，沒有傷害的形象，沒有其他形象，關係才可能存在。但是觀察的本質就是一種形象，不是嗎？我的形象看到你的形象，這就是我們所謂的關係，但這是兩個形象

之間的關係，而這樣的關係並不存在，因為兩者都只是一種形象。要產生關係必須有接觸。接觸必須是直接的。它需要極大的關注，需要覺知，拋開那個形象看著彼此，放下記憶中的形象，包括他曾經如何傷害我、取悅我、讓我覺得愉快之類的。唯有當兩個人之間不帶任何形象時，才會有關係。

＊

二、關係並不是依賴

＊

對我們大多數人而言，與其他人的關係都是建立在經濟或心理的依賴上。這樣的依賴創造出恐懼，也滋長了占有欲，並導致摩擦、猜忌與挫敗。經濟上的依賴或許可以藉由立法與適當的組織加以排除；但我特別指的是心理上的依賴，這種依賴來自於渴望個人滿足、快樂及其他種種需求。在這種占有的關係中，人會感到富足、有創造力和活力；我們會覺得自己的存在因為他人而增強，我們害怕失去這種資源，於是恐懼和所有隨之而來的問題一起產生。在這種心理依賴的關係中，一定存在著有意或無意的恐懼與猜忌，這些情緒常常隱藏在聽起來悅耳的話語中。這種恐懼導致一個人永遠要透過各種管道去追尋安全感與滿足感，不然就是將自己孤立於思想與理想中，或追求各種替代品以得到滿足。

一個人雖然依賴另一個人，他仍然希望不要受到侵犯，他仍然渴求完整。關係中的複雜難題就在於如何愛得沒有依賴、沒有摩擦與衝突，以及如何克服想要孤立自己、想要逃出混亂的欲望。如果我們依賴其他人、社會或環境才能得到快樂，它們對我們來說就變得不可或缺；因為這樣的執著，任何改變都會造成我們的反對，因為它們是我們心理的安全與慰藉。儘管在理智上，我們知道生命是一種流動和變動的持續過程；但在情緒或感情上，我們執著於這些能讓我們安心的價值。因此改變與期望永恆的欲望不斷戰鬥。這樣的衝突可能結束嗎？

＊

三、我們能夠愛卻不占有嗎？

＊

生命不可能沒有各種關係，但我們因為個人的愛與占有，把關係弄得如此痛苦與可憎。我們可以只有愛卻不占有嗎？唯有了解依賴與占有，而不是逃避、空想與追求信仰，才能找到真正的答案。如果我們能夠深刻了解自己與其他人的關係，或許我們就能夠了解並解決我們與社會的關係，因為社會是我們自己的延伸。

＊

四、個人的關係創造出整個社會

＊

我們稱為社會的這個環境，是由過去的世世代代所建立的；我們接受它，因為它幫助我們維繫了我們的貪婪、占有欲和幻想。在這個幻想中，不可能有團結或和平。透過強迫的手段與立法所帶來的經濟層面的團結，無法停止戰爭。只要我們不了解個人的關係，我們就無法創造出一個和平的社會。由於我們的關係是建立在占有的愛之上，我們必須了解自己，覺知占有的出現、原因以及行動。當我們對占有的過程以及它所帶來的暴力、恐懼、反應愈來愈清楚時，就會產生完整且全面的了解。僅僅這種了解就能夠將想法從依賴與占有中解放出來。關係的和諧只能從一個人的內在去尋找，無法從其他人那裡或環境中找到。

＊

五、看向自己才能解決衝突，而不是看向他人

＊

在關係中，產生衝突的主要原因是自己，那個充滿各種渴望的自己。如果我們能領悟到，最重要的不是他人怎麼行動，而是我們每一個人如何行動與回應，而且如果那個

反應與行動能夠被徹底且深刻地了解，那麼關係就會出現根本的改變。在這種關係中，不只有物質的問題，也存在著各種思想與感覺的問題，所以一個人唯有與自我和諧共處，才能與其他人有和諧的關係。在關係中，重要的不是別人，而是自己。這並不代表一個人必須孤立自己，而是要深刻了解衝突與痛苦的原因。不論是理智上或情感上，只要我們依賴他人得到心理上的安全，那樣的依賴必然會製造出恐懼，從而引起悲傷。

＊

六、生命就是各種關係

＊

生命是我們與各種事物、各種人、各種思想之間的關係。如果沒有正確、完整地處理這些關係，衝突就會從各種挑戰中產生。

＊

七、關係像是一面鏡子

＊

關係是一面你可以從中看到自己的鏡子。沒有關係就沒有你；存在就是關係；有關係才有存在。你只存在於關係中，否則你就不存在，存在也沒有意義。並不是你思故你在。你存在是因為你和各種事物的關係，而衝突的產生正是因為缺乏對關係的了解。

八、快樂的關鍵是自我認識

＊

你從你自己的思想之鏡、關係之鏡中了解你自己……我認為快樂掌握在我們自己的手上，而快樂的關鍵則是自我認識——不是佛洛伊德、榮格、商羯羅（Shankara，譯按：印度九世紀初的哲學家與神學家）或其他人的自我認識，而是你在日常關係中找到的自我認識。透過觀察，透過覺知日常的思想活動，不論是搭上巴士、坐進車子，或當你和妻子、孩子、鄰居說話時。一如看著鏡子，透過觀察所有這些事情，你會發現自己是如何說話、如何思考、如何反應，然後你會發現當你了解自己時，你便擁有了從書本、哲學或任何精神導師的教誨中都無法找到的東西。

＊

九、停止塑造形象的機器

＊

建立正確的關係就是要摧毀形象……你必須摧毀創造形象的機器——在你的內心以及其他人內心的那部機器。否則你也許能摧毀一個形象，但那台機器會再創造出其他的形象。

十、我們的形象和觀點是如何開始的？

＊　＊

我們必須知道我們的形象是如何開始的，以及是否有可能停止製造形象的機器。只有存在於人與人之間的關係，沒有存在於形象與形象之間的關係。形象是一種沒有生命的存在。很簡單。你奉承我、你尊敬我；透過傷害，透過奉承，我對你有了既定的形象。我經歷痛苦、不幸、衝突、飢餓與寂寞，所有這些經驗都創造出了形象，而我就是那個形象。並不是說我是那個形象，也不是說那個形象與我不同，但「我」就是那個形象。是思想創造了那個形象。透過身體、心理、智識以及其他各方面的反應，這個思考者、觀察者以及經歷者，藉由記憶和思想塑造出了形象。所以這部創造形象的機器就是思考，它透過思想而存在。然而，思想是必要的，否則你無法生存。

思想創造出了思考者。思考者則創造出他自己的形象……他製造出形象後，就活在形象中。因此思考是這部機器的開始。你問說：「我如何停止思考？」但你不能。不過一個人可以思想，卻不製造形象。

*

十一、形象與形象之間不存在關係

*

形象與形象之間並不存在著關係。如果你對我有某種看法，而我對你也有某種看法，我們之間怎麼可能有任何關係？唯有當沒有看法、沒有這種形象塑造的時候，關係才真的存在。

*

十二、自我形象導致痛苦

*

你為什麼會受傷？自大，不是嗎？你為什麼會自大？因為一個人對於自己、自我形象、自己應該是什麼樣子和是什麼，以及不應該是什麼，有一定的想法。一個人為什麼要創造自我的形象？……當我們的理想，也就是我們對我們自己的看法，受到攻擊的時候，我們便會感到憤怒。我們對自己的想法，其實是我們對於自己真實面貌的逃避。然而，當你看到自己真實的面貌時，沒有人可以傷害得了你。因此若一個人是騙子，其他人對這個人說你是騙子，並不代表這個人受到了傷害；因為這是事實。

第二章 愛、欲望、性、依賴

*

一、當你依賴與依戀時，就沒有愛

*

就心理上而言，我們的關係奠基於依賴，這也是為什麼我們會害怕的原因。所以問題不在於如何擺脫依賴，而是要看到我們依賴的事實。有依戀，就沒有愛。因為你不知道要愛誰，你依賴，因此你恐懼。重要的是看到這個事實，而不是去問如何愛或如何不害怕。

＊

二、有依賴，就有恐懼

＊

不要反駁、不要接受、不要提出看法，也不要去引用這個或那個，只要傾聽事實：有依戀就沒有愛，有依賴就有恐懼。我說的是心理的依賴，不是指你要依賴牛奶商為你帶來牛奶，或依賴鐵路和橋梁的那種依賴。正是這種內在對思想、人、財物的心理依賴，滋長了恐懼。

＊

三、愛來自於對關係的了解

＊

愛不是可以培養的東西；愛不是心靈可以買到的東西。如果你說：「我打算練習憐憫。」那麼憐憫就是心靈的東西，也因此不是愛。當我們了解關係的完整過程時，愛雖然未知，卻完整。然後心靈會得到平靜；當它不再用思想的東西填充內在時，愛就可以成長。

四、我們為什麼讓性變得如此重要？

*　*

我們所謂性的問題是指什麼？是那個行為，還是關於那個行為的想法？不是行為。對你而言，性行為其實就跟吃飯一樣，但你若因為沒有其他的事情好想，整天想著吃飯，那麼吃飯對你來說就成了一個問題……為什麼會出現這個問題？顯然這正是你在做的事情。電影、雜誌、故事、女人的穿著方式：每一件事都強化你對於性的思想。我們的心靈為什麼要強化這件事？它為什麼會思考這件事？為什麼，各位讀者？這是你的問題。為什麼？

性為什麼會成為你生命中的重要問題？有如此多的事情需要你的注意力，你卻把所有的精神都放在有關性的思想上。這是怎麼回事？你的心靈為什麼對它如此執著？因為性是一種終極的逃避方式，不是嗎？它是一種完全忘我的方式。

至少在那一刻，你可以暫時忘記你自己——沒有其他忘記你自己的方式。你在生命中所做的每一件事情，都在強調「我」，強調自己。你的事業、你的宗教、你的神、你的領袖、你的政治與經濟行為、你的逃避、你的社會活動、你參與某個政黨與排斥某個政黨——所有這些都在強調「我」，給予「我」力量……如果你的生命中只有一件事，那件事就是一條終極的逃避方式，即使只有幾秒鐘，也要完全忘記自己，而你執著於這件事，因為那是你感到快樂的唯一時刻……

因此，只要你不了解心靈是怎麼思考這個問題的，性就會成為一個困難又複雜的問題。

＊

五、性為什麼會是個問題？

＊

為什麼不管我們碰到什麼，最終都會變成一個問題？……為什麼性會成為問題？為什麼我們會向有問題的生活投降？為什麼我們不結束這些問題？為什麼我們不終結我們的問題，反而要日復一日、年復一年地背負著它們？當然，性是個相關的問題，這一點我稍後就會回答，但還有一個主要的問題：為什麼我們要讓生命變成一個問題？工作、性、賺錢、思想、感受、經驗，也就是活著的所有事情，為什麼會變成問題？難道不是因為基本上，我們總是從一個特定的角度或固定的觀點去思考嗎？

＊

六、欲望不是愛

＊

欲望不是愛；欲望帶來愉悅；欲望就是愉悅。我們並不是要否定欲望。主張說我們必須沒有任何欲望地生活，是一件極為愚蠢的事情，因為那是不可能的。人類已經試過這樣的事情了。曾經有人不允許他們自己得到任何快樂，他們修練與折磨自己，可是欲望仍然繼續存在並製造衝突，而那種衝突又帶來各種殘酷的結果。我們並不是鼓吹無欲無望，但是我們必須了解欲望、愉悅與痛苦的完整過成。如果我們能夠越過這個過程，就會有福佑和狂喜，那便是愛。

第三章

與家庭和社會的關係

＊　＊

一、家庭與社會

家庭與社會是對立的；若將人類的關係視為一個整體，那麼家庭與這個整體也是對立的。就像生活在一棟大房子裡的一小部分或一個小房間裡，同時又要讓這個小房間成就非凡的事情，這就是家庭。唯有跟整棟房子連結時，房間才顯得有意義。一如房間與房子的關係，家庭和整體人類的生存相關。但是我們把兩者分開，執著於家庭。我們非常重視家庭，也就是我的關係和你的關係，但我們鬥爭不斷。家庭就像是整棟房子裡的一個小房間。當我們忘記了整棟大房子，這個小房間就變得極為重要；同樣的，當你忘記整個人類的生存，家庭就變得非常重要。然而，唯有連結到整個人類的生存時，家庭才顯得有意義；否則它會變成一個很可怕的東西，像怪物一樣的東西……

＊

二、我們真的愛我們的家庭嗎？

＊

當我們說：「我們愛我們的家庭。」我們並不是真的愛它；我們也不愛我們的孩子——我們真的不愛。當你說你愛你的孩子時，你真正的意思是他們已經成為一種習慣、成為一個玩具，成為一時的娛樂。如果你真的愛某樣東西、愛你的孩子，那麼你就會真的關心。

你知道關心是什麼嗎？當你種了一棵樹時，如果你關心它，你會照顧它、珍惜它、養育它……你必須在種植之前深掘土地，確認土壤合適時才把它種下去，接下來你會保護它，每天都看著它，就像他是你完整生命的一部分那樣照顧它。但是你並沒有這樣愛你的孩子。如果你真的愛他，那麼你就會給他一種全然不同的教育。不會有戰爭，也不會有貧窮。那時心靈也不會被訓練成只有技藝。不會有競爭，不會有國籍之別。就是因為我們不愛，所有的這些才會被滋長。

*

三、依賴讓你無能

*

當你說你愛某個人時，你難道不是在依賴他嗎？年輕的時候，你依賴父親、母親、老師或監護人，這沒有關係，因為你還年輕，你需要有人照顧你，你需要衣物、庇護以及安全感。在你年輕的時候，你需要一種被保護、被照顧的感覺。但即使你長大了，這樣的依賴感仍然持續著，不是嗎？你難道沒有在年紀較長的人、在你的父母或師長身上看到這一點嗎？你是否注意到他們是如何依賴妻子、孩子或父母？人長大之後仍會想要依賴別人，仍然覺得他們需要依賴。沒有可以依賴的人、沒有別人的指引、沒有得到他人的慰藉與安全感，他們就會覺得寂寞，不是嗎？他們會覺得迷失。於是，這種對他人的依賴被稱為愛。但是你若靠近一點看，你會發現依賴其實是恐懼，不是愛。因為他們害怕孤單，因為他們害怕為自己去設想，因為他們害怕去感覺、去看、去找出生命的完整意義，所以他們覺得他們愛上帝，於是他們依賴他們稱為上帝的這個東西。但是心靈所創造出來的東西並不可靠；那不是上帝，那是未知。理想與信仰也一樣。我相信某件事情，而那種信仰帶給我極大的安慰……

年輕的時候，依賴是對的，但如果你已經長大成人，卻依然依賴別人，那會讓你沒有思考的能力，也沒有自由的能力。有依賴就有恐懼，有恐懼就有權威，也就沒有愛。

＊

四、家無法提供內在的安全感

＊

現在的家庭是一種關係有限的單位，自我封閉且排他……我們必須了解我們對心理安全的渴望，而不僅是從一種安全模式換到另一種安全模式。

所以問題不在於家庭，而是對安全的渴望。任何對安全的渴望，不都是一種排他嗎？這種排他的精神以家庭、資產、國家、宗教等等形式展現。這種內在對於安全感的渴望，建造出外顯的安全形式，難道它們不是始終都具有排他性嗎？結果，對安全的渴望摧毀了安全。排他、隔離都無可避免地引發瓦解；國家主義、階級對立以及戰爭就是它的症狀。家庭作為尋求內在安全感的一種手段，是混亂失序與社會災難的來源。

＊

五、在愛之中，沒有追求安全感的渴望

＊

唯有當我們不去追求內在的安全感時，才能安全地生活於外在環境……把其他人當成你獲得滿足與安全感的工具，那不是愛。愛永遠都不會是安全感；在愛的狀態中，沒

有追求安全感的渴望；它是一種脆弱的狀態；它是一種排他、敵意以及仇恨都不可能存在的境界。在這樣的境界中，家庭才可能存在，而不會是排他或自我限制的。

第四章 自然與地球

一、我們與自然的關係是什麼？

＊　＊

我不知道你是否明白你與自然的關係。你與自然之間沒有「正確」的關係，只有對關係的了解。正確的關係意味接受一種公式，一如接受了正確的思想。正確的思想與正確的思考方式是不同的兩件事。正確的思想是遵循對的事情、令人尊敬的事情，而正確的思考方式是一種活動，是一種了解，有了解才能不斷修正與改變。同樣的，與自然之間的正確關係，以及了解我們與自然的關係，兩者並不相同。你與自然的關係是什麼？自然就是河流、樹木、飛翔的鳥、水裡的魚、地底的礦產、瀑布，以及水塘。你與這些東西的關係是什麼？我們大多數人都沒有覺知到這個關係。我們從來沒有注視著一棵樹，或者就算我們這麼做，也是從利用它的角度來看——若不是坐在它的樹蔭下，就是要砍了它取材。換言之，我們帶著功利的目的來看樹。我們從未看著一棵樹，卻不把自己投射在它身上，或不去想如何為了我們自己的方便而利用它。

＊

二、我們愛我們的地球，抑或只是利用它？

＊

我們用同樣的方式對待地球和它製造出來的東西。沒有愛，只有對地球的利用。一個人如果真的愛地球，就會以節約的態度使用地球上的東西。也就是說，各位讀者，如果我們要了解我們與地球的關係，我們在使用由地球的物質所製造出來的東西時，就會非常謹慎。了解一個人與自然的關係，就跟了解一個人與他的鄰居、他的妻子和孩子的關係一樣困難。但我們從未想過這個問題，我們從未坐下來看著星星、月亮或樹木。我們忙著社交與政治活動。顯然這些活動是我們對自己的逃避，崇拜自然也是逃避自己。我們總是在利用自然，若不是用它來逃避什麼，就是為了功利的目的——我們從未真的停下來愛這個地球或地球上的萬物。我們從未享受過肥沃的田野，而只是用這些田野來餵飽自己和提供衣物。我們從未用雙手耕耘大地，我們羞於用雙手接觸它。

＊

三、地球不是「你的」，也不是「我的」

＊

我們失去了我們與自然之間的關係。如果我們了解這層關係以及它真正的意義，我們就不會把地產分成你的和我的。雖然一個人也許會擁有一塊地，並在上面建造房子，但這塊土地將不再具有「我的」或「你的」這種排他性——它不只是提供庇護的工具。因為我們不愛地球，也不愛地球上的東西，我們只是利用它們，所以我們對瀑布的美麗毫無感覺，我們失去了對生命的感動，我們從未背靠著樹幹坐下來；也因為我們不愛地球，所以我們不知道如何去愛人類與動物。

＊

四、我們每一個人都是地球暫時的照顧者

＊

這並不是說你不能利用地球，但你必須在該用的時候才用。地球需要我們的愛和照顧，不要把它分割成「你的」和「我的」。在圈圍起來的土地上種一棵樹，然後說那是「我的」，這是很愚蠢的事。

第五章

婚姻：愛與性

＊　＊

一、婚姻是互相利用嗎？

當你和你妻子的關係中有占有、嫉妒、恐懼、挑剔、支配及堅持己見時，你還能稱之為愛嗎？那可以被稱為愛嗎？當你占有一個人，然後為了幫助你占有他，你創造了一個稱為社會的東西，你覺得這可以稱為愛嗎？當你為了自己的性或任何其他目的而利用某個人時，你會稱之為愛嗎？那顯然不是愛。換言之，有嫉妒、恐懼、占有的地方，就沒有愛。當然，愛不容許競爭與嫉妒。當你占有時，就有了恐懼，你以為你可以把這種恐懼稱之為愛，但這根本不是愛。我們繼續談下去的同時，各位讀者，你們也要去體驗這些事情。你結了婚，有了孩子；你有妻子或丈夫，你擁有他們、你利用他們，但你也害怕或嫉妒他們。覺知這些事情，看看那是不是愛。

＊

二、愛無法被思想

＊

你可以想一個你愛的人，但你無法想愛。愛不能被想。你可以認同一個人、一個國家、一間教堂，然而，在你想著愛的時候，那就不是愛了——它僅是一種心理狀態……因為心靈是活動的，它會用思想的東西填滿它的空虛。由於我們運用這些思想，所以我們製造出了問題……問題是心靈的產物，若要解決問題，心靈必須停止運作；唯有在不斷思想的心靈停止運作的時候，才會有愛。

＊

三、當你知道如何去愛一個人的時候，你就知道如何去愛一切

＊

愛不能想，愛不能栽培，愛也不能實踐。愛的實踐、手足情誼的實踐，只存在於思想的範疇；因此，那不是愛。當所有的這些都停止時，就會出現愛，而你也就會知道什麼是愛。到了那個時候，愛不再是量，而是質。你不會說：「我愛全世界。」當你知道

如何去愛一個人時，你就會知道如何去愛一切。因為我們不知道如何去愛一個人，所以我們對人類的愛是空虛的。當你愛的時候，既不是一個，也不是很多個——就只是愛。唯有當愛存在的時候，我們所有的問題才能被解決，那時我們就會知道它所帶來的福佑和快樂了。

*

四、愛是一種淨化的過程

*

當愛在關係中出現時，那便是一種淨化的過程。

毀滅我們愛的東西是多麼簡單啊！在我們之間豎起隔閡又是多麼快速，只要一個字、一個手勢、一個微笑！健康、情緒與欲望都會在關係中投下陰影，曾經明亮的部分變得陰沉與毫無生氣。因為彼此利用，我們耗損了自己；曾經覺得敏銳與清晰，卻變得厭煩與混亂。因為不斷的摩擦、希望與挫敗，曾經是美麗與簡單的事物，變得可怕與退縮。關係複雜而難懂，幾乎沒有人可以全身而退。我們雖然希望關係能靜止、持久、延續，但關係是一種活動，是一種必須被深刻且全面了解的過程，它並不是為了順從某種內在或外在的模式而設立的。順從是一種社會結構，唯有愛，才能讓這種順從失去分量與權威。愛的展現是一種淨化的過程。沒有這種展現，關係就幾乎沒有意義。

五、我們不愛，我們渴望被愛

＊　＊

我們是如何奮力地抵抗這種愛的展現啊！我們的抵抗有許多形式：支配或屈服、恐懼或希望、嫉妒或接受，諸如此類。麻煩的是，我們並不愛；如果我們**真的**愛，我們會想要它以特別的方式運作，而不會有這樣的抵抗。我們用思想和心靈去愛，而不是用我們的心去愛。心靈可以自我調整，但愛做不到。心靈可以讓自己變得不受傷，但愛做不到。心靈隨時可以退縮、排他，變得自私或客觀，愛則無法與其他東西比較，也不能受到束縛。我們的難題在於我們**所稱**的愛，其實是心靈的東西。我們用這些東西填補我們的內心，讓我們的內心永遠都處於空虛與期待的狀態。執著、嫉妒、占有與毀滅，這些其實是心靈造成的。我們的生命被物質與心靈所支配。我們不愛，而且置愛於不理，卻又渴望被愛；我們付出是為了接受，這是心靈的算計而非心的慷慨。心靈永遠都在追求肯定與安全感；但它可以確保愛嗎？心靈的本質是時間，這樣的心靈可以抓住永恆的愛嗎？

但即使是內心的愛也有其不足，那是因為我們都已經腐敗，所以我們的內心也充滿躊躇與混亂。這正是生命如此痛苦與疲憊的原因。前一刻我們還想著我們擁有愛，下一刻愛就已經消失了。有一股無法衡量但不是出於心靈的力量，無法探知源頭。這股力量會再次被心靈給摧毀，因為在這場戰爭中，心靈似乎是永遠的勝利者。這種存在於我們內在的衝突，無法藉由精明的心靈或猶豫的內心來消弭。沒有任何手段或方法可以終止這種衝突。即使是尋找解決方法的行動，也不過是心靈為了成為主導者、為了排除衝突、為了擁有愛，以及為了成就些什麼，所做出的行動。

*

六、愛不是你的也不是我的

*

我們最大的難題，是如何廣泛且深刻地覺知到，愛無法符合心靈所冀望的那樣。當我們真正且深刻地了解這一點時，才有可能接收到一些不屬於這個世界的東西。若沒有接觸那些東西或做我們想做的事情，關係就不可能有長久的快樂。如果你得到了那樣的祝福，但我沒有，你和我自然就會有衝突。你或許不會陷入衝突，但我會；陷入痛苦與悲傷中的我，會斷絕自己與外界的聯繫。悲傷和喜悅一樣具排他性，除非存在著不是「我」所製造出來的愛，否則你我的關係就只有痛苦。如果真有出自那種愛的祝福，不論我是什麼樣子，你除了愛我，別無其他可能，因為你不再是根據我的行為來塑造愛。

＊七、是什麼讓我們在關係中毫無生氣？

＊如果你仔細觀察，你就會知道我們在關係中毫無生氣的原因，是思考、算計、批評、權衡，以及調整我們自己。唯有愛才能讓我們擺脫這種情況，而愛並不是思想的過程。

＊八、因為沒有愛，所以我們創造了婚姻

＊若沒有愛，作為制度的婚姻框架就成了必要之物。若有愛，性就不是問題——缺乏愛才讓性變成一個問題。你不知道嗎？當你真正愛某個人時，不是那種出於心靈思想的愛，而是真正發自內心的愛，你會和對方分享你的一切，不僅是你的肉體，還有所有的一切。當你碰上麻煩時，你會請求對方協助，而他也會幫助你。當你愛著某個人時，男女之間沒有分別，但當你不認識那種愛的時候，就會出現性的問題。

九、滿足不是愛的火焰

＊　＊

提問者：你曾經提到過那種為了自己的滿足而利用他人的關係，你也常常提到一種被稱為愛的境界。你說的愛是什麼意思？

克里希那穆提：我們知道我們的關係是什麼，它一種互相的滿足與利用，只不過我們把它包裝起來，然後稱之為愛。在利用的過程中，被利用的東西會受到照顧與防衛。我們防衛我們的邊境、書籍、財產；同樣的，我們也會小心捍衛我們的配偶、家庭與社會，因為沒有這些，我們會感到寂寞和迷失。沒有孩子，父母會感覺孤單；你做不到的事情，孩子會做到，所以孩子成了你虛榮的工具。我們很清楚需要和利用的關係。我們需要郵差，郵差也需要我們，但我們不會說我們愛郵差。可是我們會說我們愛妻子和孩子，即使我們是為了滿足自己而利用他們，也願意為了那份被稱為愛國的虛榮而犧牲他們。我們非常清楚這個過程，顯然這不可能是愛。利用、剝削又感到難過的愛，不可能是愛，因為愛不是思想的東西。

現在，讓我們試試看找出什麼是愛——不僅是字面上的意思，也要實際體驗那種狀態。當你們把我當成精神導師來利用，而我把你們當成門徒來利用時，這樣的關係存在著互相的利用。同理，當你視妻子與孩子為你的延續時，也存在著利用。這當然不是愛。有利用，必然就存在著占有；占有無可避免地孕育出恐懼，而恐懼又會帶來嫉妒、羨慕、猜忌。有利用，就不可能有愛，因為愛不是心靈的東西。想著一個人並不是愛那個人。當一個人不在場、去世、逃走或不給你想要的東西時，你才會想到那個人。這種時候，你內在的不滿足會讓心靈開始運作。當一個人在你身邊時，你不會想起他，你會把對方視為理所當然——反正他就是在那裡。習慣是一種遺忘與維持平靜的工具，這樣你才能不受打擾。但這不是愛。

沒有利用會是什麼樣的情況？所謂利用就是把思想過程當成一種遮蔽內在不滿足的工具，不論這樣的不滿足是好是壞。沒有滿足感會是什麼樣的狀態？追求滿足是心靈的天性。性是心靈創造與想像出來的感受，然後它會選擇行動或不行動。感受是一種思想的過程，不是愛。當心靈主導，而思想過程又如此重要時，便沒有愛。這種利用、思考、想像、占有、限制與拒絕的過程，全都是煙霧，唯有當煙霧不存在時，愛的火花才會存在。有時候我們的確擁有這樣的火花，濃烈又完整；但煙霧會再度出現……

＊　＊

十、不要極端，不要禁欲，也不要荒淫

那些為了接觸上帝而禁欲的人都不是純潔的，因為他們追求的是一個結果或收穫，於是他們用性來交換目的與結果——這就是恐懼。他們的內心沒有愛……唯有當心靈與內在都不再背負恐懼與感官習慣時，當慷慨與憐憫都存在時，才會有愛。這樣的愛才是純潔的。

＊

十一、為何性與婚姻變成如此嚴重的問題？

＊

如何才可能理智地面對性的需求，不讓它變成問題？

首先，我們所謂的性是什麼？是純粹的生理行為，抑或是那個產生刺激並進而採取行動的想法？當然，性是心靈的產物，就因為它是心靈的產物，所以它必須尋求滿足，否則就會出現挫敗。

性為什麼會成為我們生命中這麼大的一個問題？讓我們深入探討這個問題，不帶壓迫感、焦慮、恐懼或責難。它為什麼會變成一個問題？對你們大多數人而言，這無疑是個問題。為什麼？或許你從未問過自己為什麼它會是個問題。我們來找答案吧。

性之所以是個問題，是因為在那個行為當中，自我似乎完全消失了。那一瞬間你會感到快樂，因為你與自我意識、與「我」分離了；你渴望得到更多這樣的快樂，也就是更多的自我拒絕，你在自我拒絕中得到了完全的快樂，因此當然性會變得重要。不是這樣嗎？因為它提供了純粹的愉悅、完全的忘我，所以我想要更多。我為什麼想要更多？因為在其他地方我都陷於衝突，所有地方以及生活的所有不同層面，自我都在強化中。不論經濟、社會或宗教層面，自我意識都不斷地增強，那便會帶來衝突。畢竟，有衝突時，你才會有自我意識。自我意識在本質上就是衝突的結果。因此，在任何其他地方，我們都處於衝突中。在我們與資產、與人、與思想的所有關係中，都有衝突、痛苦、掙扎、悲傷。但在性這個行為中，所有這些衝突都中止了。當然你會需要更多的性，因為當所有其他事情都帶領你走向悲傷、混亂、衝突、困惑、仇視、焦慮、毀滅時，它卻帶給你快樂；因此性變得極有意義，也極為重要。

所以問題當然不在性，而是如何擺脫自我。

各位讀者，自我不是一個可以放在顯微鏡下研究的客觀主體，也無法藉由書本來學習或透過字句來了解，不論那些句子多有分量。自我只能在關係中被了解。畢竟衝突也是存在於關係中，不論那是你與資產、你與思想、你與妻子或鄰人的關係；若未能解決基本的衝突，僅是抓住經由性而得到的釋放，顯然會造成失衡。這正是我們目前所處的情況。我們失衡了，因為我們讓性成為逃避的一個途徑；而社會與所謂的現代文化，也都助長了這種逃避。看看那些廣告、電影，以及饒富暗示意味的手勢、姿態與外表。

你們大多數人都在相當年輕的時候，也就是你們生理需求非常強烈的時候，就已經結婚。你娶了妻子或嫁了丈夫，與對方大可好好地度過接下來的人生。你們只有肉體的關係，其他的一切都必須根據這個關係調整。然後呢？也許你理性，而他情緒化。你和他真正的交流在哪裡？又或者他很務實，你既不實際又難懂，還相當冷漠。當你利用他時，你和他真正的連結在哪裡？現在我們的婚姻都奠基於觀念與衝動；當婚姻中的牴觸與衝突愈來愈多，終將以離婚收場。

因此這個問題需要理智地處理，也就是說我們必須改變教育的整個基礎；我們不僅要了解生命的各種事實，也要了解我們每日的生存；不僅要認識與了解生理衝動與性衝動，也要知道如何理智地處理這些衝動。

＊

十二、深刻的認知可以看清楚思想的限制

＊

慈悲與同情、寬恕與尊重都是情感。當感情、情感與奉獻都停止時，就會有愛。奉獻不是愛；奉獻是自我膨脹的一種形式。尊重不是針對少數人，而是要給不論地位高低的全部人類。慷慨與慈悲沒有回報。

唯有愛可以改變瘋狂、混亂與爭鬥。沒有任何系統也沒有任何理論可以為人類帶來

和平與快樂。有愛的地方，就沒有占有、沒有嫉妒，慈悲與憐憫也會存在，不是理論上的那種，是真正給予你妻子、孩子、鄰人……的慈悲與憐憫。

當「你」不存在時，就會有愛以及它所帶來的福佑。

*

十三、愛可以固定和靜止嗎？

*

一次愉悅的經驗會讓我們想要更多，而「更多」就是我們想要確保愉悅的衝動。如果我們愛某個人，我們想要確定那份愛會有所回報，所以我們追求一種至少我們希望能永恆的關係。我們的社會全都是根植在這樣的關係上。然而，有任何永恆的東西嗎？有嗎？愛是永恆的嗎？我們不斷出現的欲望就是想讓某種感覺成為永恆，不是嗎？於是，無法成為永恆的愛，就此與我們錯身而過。

*

十四、你若重要，愛就不重要

*

我們試著了解婚姻的問題，而婚姻問題包括了性、愛、陪伴與交流。顯然，如果沒有愛，婚姻就是一種恥辱，不是嗎？然後，它只剩下了滿足的功用。付出愛是最困難的事情，不是嗎？唯有當自我消失時，愛才會出現和存在。沒有愛，關係是一種痛苦；不論關係多麼令人滿足或膚淺，沒有愛，它將走向厭煩、機械化、習慣。然後，性就變得極其重要。不論婚姻是否必要，一個人在考慮婚姻時，必須先了解愛。愛當然是貞潔的；沒有愛，你就不可能**是**貞潔的；也許你抱持獨身主義者，但不論男女，如果沒有愛，依然不是貞潔的，也不是純潔的。如果你對貞潔抱持著理想，亦即如果你想要變得貞潔，那麼你的貞潔中也沒有愛，因為這樣的想法僅是一種想變成某種你認為高貴的人的欲望，你以為這麼做可以幫助你找到你要的東西；其中完全沒有愛。淫蕩不是貞潔，它只會導致墮落和悲慘。追逐理想也一樣。兩者都排除了愛，兩者都意味著想成為某種人、想耽溺於某種事物；因此當你變得重要，在你重要之處，愛就變得不重要了。

＊

十五、習慣裡沒有愛

＊

把婚姻當成一種習慣，或視為一種習以為常的愉悅來經營時，那麼婚姻就成了一個墮落的原因，因為習慣裡沒有愛。

只有極少數有愛的人，他們的婚姻關係才有意義，也才牢不可破，這樣的關係不僅是習慣，也不僅是奠基在生理與性需求上。在那種無條件的愛裡，兩個主體融合在一起，在這樣的關係裡才有改變，才有希望。

但對你們大多數人而言，婚姻關係不是融合。若要融合個別的主體，你必須先認識你自己，他也必須認識他自己。這就是愛。但你們沒有愛，這是明顯的事實。愛是鮮活的、嶄新的，不僅是滿足，也不僅是習慣。愛是沒有條件的。你並沒有這樣對待你的丈夫或妻子，對嗎？你活在你的孤立中，他也活在他的孤立中，你建立起確保自己性愉悅的習慣。一個有可靠收入的人會如何？無庸置疑，他會墮落。你沒注意過這一點嗎？看看有可靠收入的人，很快你就會發現他的心靈是如何快速地凋萎。他也許有很高的地位，也許以狡猾出名，但生命的快樂已經離開了他。

同樣的，你擁有婚姻，在婚姻中你永遠都有愉悅的來源，也可以擁有一種不需要了解、不需要愛的習慣，你被迫活在這樣的狀態中。我不是說你應該做什麼，但是你要正視這個問題。你覺得這樣對嗎？我不是說你必須拋棄你的妻子去追求其他人。但這樣的關係意義在哪裡？

當然，愛是與某個人的心靈交流，可是你和你的妻子除了肉體交流，有心靈的交流嗎？除了肉體方面，你熟悉他其他的方面嗎？他熟悉你嗎？你們難道不是各自孤立，各自追求自己的權益、野心、需求，各自從其他人身上尋找滿足感，以及經濟或心理的安全感嗎？這樣的關係根本不是關係——這是一種因為心理、生理與經濟的必要而彼此限制的過程，其明顯的結果就是衝突、悲慘、挑剔、占有的恐懼、嫉妒。

婚姻，作為一種習慣，一種習以為常的愉悅，是一種墮落的原因，因為習慣裡沒有愛。愛不是習慣性的東西；愛是某種歡喜的、有創造性的、嶄新的東西。

第六章

對生命的熱情

* *

一、沒有熱情，生命是空虛的

對我們大多數人而言，熱情只會耗在一件事上，那就是性。不然就是你深深受苦，所以你熱切地想要解決那樣的痛苦。但我使用熱情這兩個字，是取其心境，一種存在的狀態，一種你內在的主要狀態，那讓你感覺非常強烈、非常容易感動，而且對萬事萬物都是如此，不論塵埃、汙穢、貧窮、富有與腐敗、樹與鳥的美麗、水的流動，以及夜光照射下的池塘。熱烈且強烈地感受這一切是必要的，因為沒有這樣的熱情，生命就會顯得空虛、膚淺，沒有太多意義。如果你無法看到樹的美麗，如果你無法愛那棵樹，如果你無法熱切地關心它，你就不算活著。

＊

二、除非你懷有熱情，不然你如何能愛？

＊

你若沒有熱情，就不會有敏銳的感受。不要害怕熱情這個詞。大多數的宗教書籍、心靈導師、學者、領袖等等都說：「不要太過熱情。」但是如果你沒有熱情，怎麼去感受醜陋、美麗、低吟的樹葉、落日、微笑，以及哭泣？若沒有放縱的熱情，你如何去感受？各位讀者，請聽我說，不要問如何得到熱情。我知道你們都有足夠的熱情去獲得一份好的工作、去仇恨某個可憐的傢伙，或去嫉妒某個人。但是我談的是完全不一樣的東西——一種去愛的熱情。愛是一種沒有「我」的狀態，愛是一種沒有譴責的狀態，它不會說性是對或錯，也不會說這是好的，其他是壞的。愛完全沒有任何這類對立衝突。愛之中沒有矛盾。如果一個人不熱情，如何能愛？沒有熱情，一個人如何去感受？

所謂感受是去感覺你的鄰居就坐在你身邊；去看到城市的醜惡以及它的藏汙納垢；去看到河流、海洋、天空的美麗。如果你沒有熱情，如何對所有的這一切有感？你如何能感受一抹微笑、一滴眼淚？愛，我向你保證，就是一種熱情。

＊

三、沒有熱情，你怎麼可能學習

＊

正在學習的心靈會非常熱情。我們使用熱情這個詞，不僅取其增強愉悅的意義，更重要的是那種總是在學習的心態，那樣的心態始終維持著熱切、活力、活動力與生命力。我們當中幾乎沒什麼人懷有熱情。我們有感官的愉悅（欲望、歡樂），但我們大多數人沒有熱情的感覺。從更廣泛的意義來說，沒有熱情，你怎麼可能學習、怎麼可能發現新的事物、怎麼可能探究，又怎麼可能跟得上探究的行動？

一個熱情的心靈總是處於危險。或許我們大多數人都無意識地覺知到這個一直在學習，因此也一直在行動，以及一直在無意識的領域中遭遇失敗的熱情心靈；或許這就是我們為什麼沒有熱情的原因。我們都想要值得別人尊敬，於是我們遵循制度。我們接受、我們服從。我們用尊敬、責任以及其他的這類詞彙來抑制學習的行動。

＊

四、繼續學習，不要墨守成規

＊

我們所謂學習的行動，其實就是一種訓練。這樣的訓練沒有任何規矩，因此沒有壓抑，因為當你學習有關自己的情感、憤怒、欲望以及其他事物時，不需要壓抑，也不必沉溺。但這是最難做到的事情，因為我們所有的傳統、過去、記憶、習慣，都以特定的方式箝制我們的心靈，我們很容易就去服從這些成規，不想受到干擾或偏離。因此，對我們大多數人而言，學習只是一種服從、壓抑、模仿，最終得到一個非常值得尊敬的生活——若這樣可以稱作生活的話。一個人陷在名聲、壓抑、模仿與服從的框架中，這樣根本不算活著；他所有的學習以及得到的東西，都是一種適應舊有模式的調整，而他所遵循的規則會毀了他。

第七章 真理、上帝、死亡

*

*

一、所謂的死亡是什麼意思？

死亡等待著我們每一個人，不論我們喜不喜歡。你也許是個有地位、有錢、有權有勢的政府高官，別人都要隆重地接待你，但這一切都有個不可避免的結局。我們所謂的死亡是什麼意思？顯然我們所謂的死亡是指結束連續性（continuity），不是嗎？我們擔心肉體的死亡，但是我們若能藉由另一種延續的方式克服這樣的擔心，那麼肉體的死亡就無關緊要了。因此，當我們問到死亡的相關問題時，我們關心的是那樣的延續存不存在。然而，這個延續的東西又是什麼？顯然不是你的身體，因為我們每天都看到死者被埋葬或燒成灰燼。

＊

二、延續什麼？

＊

我們的意思難道不是指一種超越感覺的延續、心理的延續、思想的延續、人格的延續、靈魂或任何其他名稱的延續嗎？我們想知道思想是否可以延續。換言之，我進行冥想，我練習許多事，我還沒完成我的作品，我尚未完成我的事業，我因為孱弱所以需要時間變得強壯，我想要繼續我的愉悅，凡此種種——而我也害怕終結所有這一切的死亡。所以，死亡是一種挫折的形式，不是嗎？我正在做某件事情，我不想結束，我想為了實現自己而繼續下去。問題是，藉由延續，可以有實現嗎？顯然某種實現的確可以藉由延續達成：如果我正在寫一本書，寫完之前我不想死，或者我想要時間發展某種特定的性格，諸如此類。

＊

三、有自我實現的欲望才會恐懼死亡

＊

所以當一個人有自我實現的欲望時，他才會恐懼死亡，因為要自我實現必須要有時間、壽命和連續性。但是如果你可以即時即地自我實現，就不會害怕死亡。

現在我們的問題是，儘管有死亡，但我們該如何延續，不是嗎？你想要從我這裡得到保證，或者如果我不向你們做出保證，你們會去找其他人、找你們的精神導師，以及書籍或其他讓你們分心與逃避的方式。你們現在正在聽我說，而我也正在對你們說，我們要一起弄清楚所謂的延續究竟是什麼意義。那種延續顯然是一種希望，一種欲望，不是嗎？我沒有權力，但我想要權力；我的房子還沒有蓋好，但我想把房子蓋好；我還沒有頭銜，但我想要有個頭銜；我還沒有攢夠錢，但我很快就能達成目的；我想在這輩子找到上帝。還有其他許許多多的想要。於是，延續成了想要的過程。當這一切終結，你稱之為死亡，不是嗎？你把欲望當成達到目的的工具、當成自我實現的一個過程，你想繼續下去。這個道理相當簡單，不是嗎？

＊

四、思想的延續

＊

顯然即使你的肉體死亡了，但思想可以延續。這是經過證實的事。思想是一種延續的狀態，因為說到底，你也不過是個思想罷了，不是嗎？你是一個名字的想法、一個地位的想法、一個金錢的想法；你只不過是一種觀念。除去觀念、除去思想，你在哪兒？

所以，你是一個名為「我」這個想法的具體表現。你說思想必須延續，因為思想讓你可以自我實現，思想最終也會找到真正的東西。不是這樣嗎？這就是你想要思想延續的原因。你想讓思想延續，因為你認為它將會找到你稱之為快樂、上帝或任何其他名稱的東西。

現在，藉由思想的延續，你能找到真實嗎？換個方式問，這個思想的過程可以發現真實嗎？你懂我的意思嗎？我想要快樂，我透過各種工具尋找它——資產、地位、財富、女人、男人或其他東西。所有這些全都是因為思想想要追求快樂，不是嗎？問題是，思想可以找到快樂嗎？

＊

五、有重新開始，就沒有死亡

＊

我們的問題是，藉由思想過程的延續，會有重生、再生、新生與脫胎換骨嗎？畢竟，若真有重新開始的可能，我們就不會懼怕死亡。若你不時可以重新開始，就沒有死亡。然而，如果你想要的是思想過程的延續，就會有死亡以及對死亡的恐懼。

＊

六、結束思想的過程才能重新開始

＊

唯有當我清楚知道透過延續無法重新開始時，才有希望。當我明白這個事實時，會如何？我會即時即地關心思想過程的結束——這絕對不是瘋狂的事！

＊

七、愛是它自己的永恆

＊

有愛就沒有死亡；唯有當思想的過程出現時，才有死亡。有愛就沒有死亡，因為沒有恐懼；愛不是一種連續的狀態——再一次，只有思想的過程才是連續的狀態。愛只是一種即時即地的存在。因此，愛是它自己的永恆。

＊

八、死亡與不朽

＊

我們在死亡中尋找不朽；我們在出生與死亡的運轉中渴望永恆；陷在時間洪流中的我們，渴求永恆；在陰影中，我們相信光明。死亡不是走向不朽；唯有沒有死亡的生命，才有永恆。我們在生命中認識死亡，因為我們執著於生命。我們相聚、我們轉變；因為我們相聚，死亡來臨，因為認識死亡，我們執著於生命。

希望不朽與信仰不朽並非不朽的經驗。信仰與希望必須終止，不朽才會出現。信仰者與欲望的製造者必須結束，不朽才會存在。你的信仰與希望只會強化自我……

＊

九、現在即永恆

＊

我們不了解生命，也不了解現在，所以我們展望未來、看向死亡……但現在即永恆。永恆無法透過時間去體驗。現在永遠都存在；即使你逃避到未來，現在依然在你眼前。

＊

十、有恆久的喜悅嗎？

＊

有可能找到永恆的喜悅嗎？是的，但要體驗它，就必須擁有自由。沒有自由，就無法發現真實；沒有自由，就無法體驗真實。我們必須找出自由，擺脫拯救者、師長、領袖，擺脫自我限制的壁壘，擺脫權威與模仿，也擺脫製造矛盾與痛苦的自我。

在真實之下，經驗者與他的體驗都終止了。承載著昨日記憶的心，無法活在永恆的現在。每一天，心都必須為了永恆的存在而死去……

讓你的體驗與記憶死去。讓你的成見、喜悅或不悅死去。你死了，才不會有腐朽；但這不是空無一物的狀態，而是一種具有創造性的存在。這樣的重新開始若能成真，才能夠解決我們的問題與悲傷，不論它們有多麼複雜、多麼痛苦。唯有當自我死去，才會有生命。

＊

十一、害怕死亡就是害怕放棄我們的所知

＊

自我除了是記憶的包袱，什麼都不是。「我」或者非「我」，其實都是沒有精神的主體，即使你說非「我」有，它仍然只是思想的產物；因此，它依然侷限在思想的範疇內，而思想就是記憶。所以，「你」、「我」、「自我」，不論你把它定位在高點、低點或任何位置，都只是記憶。

我們所謂的死亡是什麼？當然，死亡是一個本來持續的東西終止了；一具總是在使用的機器磨損殆盡了。同樣的，一具不斷使用的身體也會因為疾病、意外、年紀而結束。這是無可避免的。這具身體可能延續一百年，也可能只有十年，但是只要使用它就

一定會耗損殆盡。我們要認清並接受這件事，因為我們會不斷地看著它發生。

＊

十二、想要延續是一件愚蠢的事

你與未知的事物之間沒有直接的關係，所以你害怕死亡。

你對生命知道些什麼？很少。你不知道你與資產、你與鄰居、你與妻子，以及你與各種觀念之間的關係。你只知道膚淺的事情，而你想要繼續那些膚淺的事。多悲慘的生命啊！想要延續不是一件愚蠢的事嗎？

＊

十三、死亡與生命是一體的

＊

愚蠢的人才想要延續——沒有任何了解生命的豐富的人會想要延續。當你了解生命時，你會發現未知，因為生命就是未知，而死亡與生命是一體的。生與死之間沒有分別；分別生與死的人，還有那些關心自己的身體與延續的人，都是愚昧之人。他們利用轉世的理論，不但把它當成遮掩自己恐懼的工具，也把它當成自己那些愚蠢的小小延續的保證。顯然思想可以延續，但追尋真理的人必定不會在意思想，因為思想不會導致真理。藉由讓「我」延續的理論，是一種錯誤的想法，是不真實的。「我」是記憶的包袱，而記憶就是時間，僅是時間的延續並不能帶領你走向超越時間的永恆。唯有當未知進入你的內心時，對死亡的恐懼才會終止。生命就是未知，一如死亡是未知，真理也是未知的。

＊

十四、別錯過了生命的整場表演

＊

生命是未知的，各位讀者。但是我們執著於生命的一小段經驗，我們所執著的只是記憶，也就是一種不完整的思想；因此我們所執著的東西並不真實，也不真切。心靈執著於名為記憶的空虛之物，不論你想把記憶固定在任何高度，記憶就是心靈的想法、就是自我。所以，活在已知領域內的心靈，永遠無法引來未知。只有在未知時，也就是在完全不確定的狀態下，恐懼才能終止，然後你才會感受到真實。

＊

十五、何謂上帝？

＊

你打算如何找到答案？你要接受其他人的訊息嗎？或者你要自己去找出什麼是上帝？

第八章

冥想就是全神貫注

＊　＊

一、冥想表示專注

想要了解心靈如何運作，不要去找尋任何形式的心理安全感、滿足感，你需要的是探究與持續不斷地留意，這就是冥想，不是嗎？冥想不是遵照某種固定的形式或重複特定的詞彙，那樣做很愚蠢且不成熟。若不了解心靈的運作過程，包括意識與無意識的過程，任何形式的冥想都只是一種阻礙、逃避與幼稚的行為，也是一種自我催眠。意識到思想的過程，帶著完整的覺知，一步步謹慎進入這個過程中，為了自己去發掘自我——這就是冥想。唯有透過自我認識，心靈才能自由地去發掘什麼是真實、什麼是上帝、什麼是死亡，以及什麼是我們稱之為生活的那樣東西。

＊

二、冥想無法脫離日常生活

＊

一個人為什麼懶惰？也許你沒有好好吃飯，也許你工作太多、走太多路、說太多話、做太多事，因此早上起床時，身體自然覺得倦怠。因為你沒有理智地度過前一天，所以第二天身體疲憊。光是鍛鍊身體也沒用。如果你留意到自己在說話，你留意到自己在辦公室——即使只維持五分鐘的全然專注，就已經夠了。當你吃東西的時候，全心投入，不要吃太快，也不要用各種食物塞飽你自己，這樣一來你會看到你的身體變得愈來愈好。你不需要強迫它變好；它會自己變得更好，它會告訴該起床或不起床。這樣的專注也會讓你發現一個人可以不需要隨時處於戰鬥狀態，因為他沒有浪費任何精力，而是隨時都完整利用這份力量——這就是冥想。

＊

三、全神貫注是整體的一種覺察

＊

你了解嗎？冥想不是把全世界其他人做過的事情再做一遍：重複詞彙、用某種姿勢坐著、以某種方式呼吸、不斷重複某一句真言。不用說，這麼做會讓心靈變得愚鈍；在那樣的愚鈍中，心靈變得沉默，而你以為自己得到了平靜。那樣的冥想只是自我催眠，根本不是冥想。那是最具毀滅性的冥想。冥想需要你的注意，注意你對你的妻子、丈夫、孩子說話的內容，注意你如何與你的下屬說話，以及注意你如何與你的老闆說話——全神貫注（attention）於那一刻，而不是專心（concentrate）。因為專心是非常醜惡的事情。每個學生都可以做到專心，因為他被強迫這麼做。你以為強迫自己專心就能得到平靜。其實不然。你不會擁有你名為「心靈平靜」的這種東西——你會擁有心靈的一塊碎片，而不是心靈的平靜。專心是一種排他。當你想要專心於某件事，你就是在排除、在抗拒、在摒棄你不想要的東西。然而，如果你全神貫注，你可以看著每一種思想、每一個行動；沒有所謂的分心，然後你就能夠進行冥想。

*

四、冥想會帶來心靈的澄澈

*

冥想是一件非常好的事情，因為它會帶來心靈的澄澈。冥想就是心靈的澄澈。接著它會變成平靜，而這份平靜是生命的修練過程，不是你為了得到平靜而對你自己的訓練。當你注意著每一個字、每一個手勢、你所說的每件事、你的感覺、你的動機，而且不去糾正它們時，平靜就會從這樣的專注中出現。在這樣的平靜中，就是一種修練。這樣的過程不需要努力；它的活動與時間完全無關。這樣的人是喜悅的人，他不會製造仇恨，也不會帶來悲傷。

＊

五、做你自己的光芒

＊

真理（truth）並非某種可以給予的東西。你必須要自己去尋找。若要為你自己找出真理，你必須是你自己的法律，你必須是你自己的指引，你不是拯救世界的政治人物，不是共產黨員、不是領袖、教士、托缽僧，也不是書本。你必須活著，你必須成為你自己的法律。如此一來就沒有權威，這表示你是完全獨立的，不是外在，而是內在完全的孤立，而這也代表沒有恐懼。當心靈了解恐懼的本質、死亡的本質，以及那個稱為愛的了不起之物的本質時，那麼愛就是真的被了解了，而不只是語言或思想，這樣一來，愛就真的存在。然後，從這樣的了解中，會出現一個積極卻沉靜的心靈。這個了解生命以及了解自我如何從所有掙扎中釋放出來的完整過程，不在某個未來，而是在眼前，只要你把所有的注意力都放在上面——這就是冥想。冥想不是坐在某個角落，摒住呼吸，然後重複一些可笑的字詞、催眠你自己，那根本就不是冥想，那是自我催眠。要了解生命，要從悲傷中獲得解放（也就是真正的自由，不是字面上也不是理論上的自由，而是實實在在的自由），要擺脫恐懼與死亡，就要有一個平靜的心靈。所有的這些都是冥想。

＊

六、冥想是自我認識

＊

冥想是自我認識，沒有自我認識就沒有冥想。如果你沒有隨時覺知到你所有的反應，如果你對日常活動沒有完整的意識或完整的認知，僅是把你自己鎖在一個房間內，坐在你的精神導師或大師畫像前冥想，那是一種逃避，因為沒有自我認識，就沒有正確的思想；沒有正確的思想，你做的事情就沒有意義，不論你的意圖有多麼高貴。因此沒有自我認識的冥想是沒有意義的，但若有了自我認識，就會有正確的思想以及隨之而來的正確行動。

＊

七、冥想是清空過去的心靈

＊

因此冥想是清空過去的心靈，不是清除你打算遵從的思想或某種意識型態，是清空過去的心靈。背負著過去心靈的人，是過去的產物。然而，了解心靈的完整結構，也就是了解心靈是過去種種的結果，並清除過去的心靈，這麼做需要深刻的覺知。覺知你的狀態、你說話的方式、你的樣子、你的無情、你的殘酷與暴力，單純地覺知，不帶譴責——從這種覺知中，心靈會進入完全平靜的狀態。要了解這種平靜，這種心靈的沉靜，你必須了解悲傷，因為我們大多數人都活在悲傷中；不論我們是否覺知到這一點，我們從未停止悲傷；悲傷就像是我們的影子，日夜跟隨著我們。

*

八、平靜的心靈中有福佑

*

悲傷中有許多的自憐，也有許多對自己的寂寞與空虛的憂慮；當一個人開始覺知到那種空虛與寂寞時，就會產生自憐，我們稱這種自憐為悲傷。只要心靈中有悲傷，不論是在意識層面或無意識層面，心靈就不會平靜。當美麗與愛存在時，心靈才會平靜；你不能將美麗與愛分開。美麗既非裝飾，也不是高雅的鑑賞。它不存在於高山的線條中，也不存在於建築中。當你知道愛是什麼時，才會有愛；但是沒有智慧、努力與秩序，你不可能知道什麼是愛。

沒有人可以給你這樣的認識，聖人、上帝、聖雄都做不到，誰都做不到！世界上沒有任何權威可以給你這樣的認識。身為人類的你，必須了解心靈的完整的架構——了解這個架構以及每日生活的本質、你做的事情、你的思想、你的意圖、你如何行事，以及你如何陷入自己的主張與環境中。這必須從每日生活中開始，如果你無法徹底、完整的改變，無法帶來絕對的改變，你就永遠無法認識平靜的心靈。只有平靜的心靈才能知道真理是什麼。因為那樣平靜的心靈沒有幻想、不會投射它的欲望；平靜的心靈存在時，才會有某種無法言喻的福佑。

*

九、沒有所謂「我必須做其他的事……」

*

提問者：我覺得我的日常生活不重要，我應該做些其他的事情。

克里希那穆提：當你吃飯的時候，就吃飯。當你散步的時候，就散步。不要說：「我必須做其他的事情。」當你看書的時候，把注意力完全放在閱讀上，不論那是一本偵探小說、雜誌、聖經或其他的書。完全的注意力就是完全的行動，因此沒有「我必須做其他的事……」

重要的不是我們在做什麼，而是我們是否可以給予完全的注意力。

＊

十、在平靜中，問題才能解決

＊

提問者：您倡導要清掃我們內在的環境。您為什麼要倡導這件事？有什麼作用？

克里希那穆提：我沒有倡導任何事情。但你要知道，空杯子才有用處。我們大多數人的心靈都被許多事情遮蔽，弄得混亂不堪，這些事情包括愉快與不愉快的經驗、知識、典範或行為模式等等。心靈從來都不是空的。但創造力只會出現在完全空無的心靈中……

我不知道你是否曾經注意過，當你遇到問題時，不論那是數學問題或心理問題，你會怎麼做？你會花很多時間想這個問題、像狗啃骨頭一樣不斷看著這個問題，但你就是找不到答案。然後你把問題丟到一旁，離開它，去散個步；突然答案就這麼出現了。這是如何發生的？你的心靈一直在想著要解決這個問題，但你一直找不到答案，所以你把問題放在一旁。當你的心靈變得沉靜、空無時，在那個平靜中，問題獲得了解決。同樣的，當一個人的內在環境、內在承諾、內在記憶，以及內在的祕密與悲痛每分鐘都死去一點時，他的內在就會出現一個空地，僅是這塊空無之地，就會出現新的事物。

十一、平靜的心靈

* *

唯有非常平靜的心靈，而非鍛鍊過的心靈，才能了解，也因此才能自由。只有平靜的心靈才能夠知道什麼是創造。因為上帝這兩個字已被濫用了……

要找出超越時間的東西，你必須有個非常平靜的心靈。這個平靜的心靈不是死去的心靈，而是異常活躍的心靈。任何以高速行動的東西通常都很安靜，只有遲鈍的心靈才會擔心、焦慮、恐懼。這樣的心靈永遠不會平靜。唯有平靜的心靈才是虔誠的心靈。唯有虔誠的心靈才能找到或處於創造的狀態。唯有這樣的心靈才能帶來世界和平。而那樣的和平是我們每一個人的責任，它不是政治人物、軍人、律師、商人、共產黨員、社會主義者或其他任何人的責任。你要如何生活以及如何過你的每一天，是你的責任。如果你想要世界和平，你就必須和平地生活，不要彼此仇恨，不要嫉妒，也不要去追求權力與競爭。擺脫了這些狀態，你才會有愛。有能力去愛的心靈，才知道如何和平地生活。

本書內容來源

- 《生活評著》（*Commentaries on Living*），第一、二、三冊，一九六七年 Quest Books 出版。
- 《克里希那穆提一九三三至一九六七年選集》（*The Collected Works of J. Krishnamurti,* 1933-1967），一九九一至一九九二年 Kendall-Hunt 初版。
- 《教育與生命的重要》（*Education and the Significance of Life*），一九八一年 Harper San Francisco 出版。
- 《最初與最後的自由》（*the First and Last Freedom*），一九七五年 Harper San Francisco 出版。
- 《迎向生命》（*Life Ahead*），一九七五年 Harper & Row 出版。
- 《與生命相遇》（*Meeting Life*），一九九一年 Harper San Francisco 出版。
- 《想想這些事》（*Think on These Things*），一九八九年 Harper Perennial 出版。

心得筆記

心得筆記

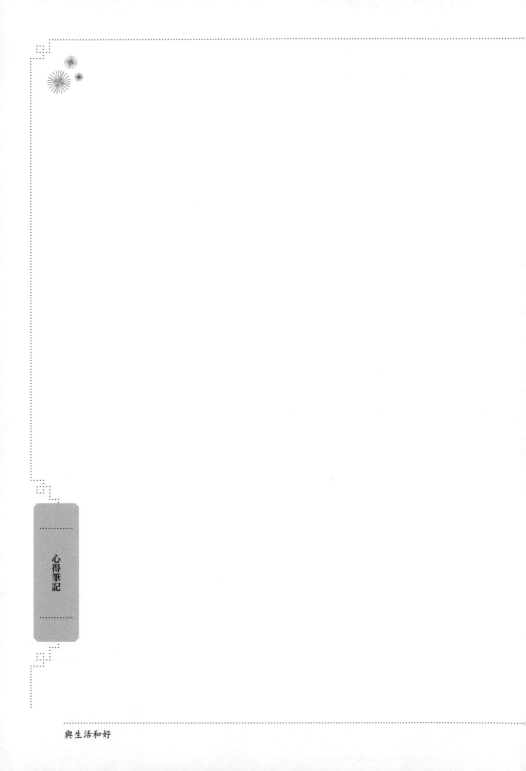

國家圖書館出版品預行編目資料

與生活和好：克里希那穆提寫給你的28道生命習題 /
克里希那穆提 J. Krishnamurti著；麥慧芬譯.
-- 初版. -- 臺北市：商周出版，家庭傳媒城邦分公司發行，
2015.3
面；公分. --
譯自：What Are You Doing with Your Life

978-986-272-751-5 (平裝)

1. 人生哲學 2.生活指導

191.9 104001550

與生活和好：克里希那穆提寫給你的28道生命習題

原著書名 / What Are You Doing with Your Life
作　　者 / 克里希那穆提 J. Krishnamurti
譯　　者 / 麥慧芬
責任編輯 / 陳玳妮

版　　權 / 林心紅
行銷業務 / 李衍逸、黃崇華
總 編 輯 / 楊如玉
總 經 理 / 彭之琬
事業群總經理 / 黃淑貞
發 行 人 / 何飛鵬
法律顧問 / 元禾法律事務所 王子文律師
出　　版 / 商周出版
台北市104民生東路二段141號9樓
電話：(02) 25007008　傳眞：(02)25007759
E-mail：bwp.service@cite.com.tw
Blog：http://bwp25007008.pixnet.net/blog
發　　行 / 英屬蓋曼群島商家庭傳媒股份有限公司城邦分公司
台北市中山區民生東路二段141號2樓
書虫客服服務專線：(02)25007718；(02)25007719
服務時間：週一至週五上午09:30-12:00；下午13:30-17:00
24小時傳眞專線：(02)25001990；(02)25001991
劃撥帳號：19863813；戶名：書虫股份有限公司
讀者服務信箱：service@readingclub.com.tw
城邦讀書花園：www.cite.com.tw
香港發行所 / 城邦（香港）出版集團有限公司
香港灣仔駱克道193號東超商業中心1樓
E-mail：hkcite@biznetvigator.com
電話：(852) 25086231　傳眞：(852) 25789337
馬新發行所 / 城邦（馬新）出版集團【Cite (M) Sdn. Bhd.】
41, Jalan Radin Anum, Bandar Baru Sri Petaling,
57000 Kuala Lumpur, Malaysia.
Tel: (603) 90578822　Fax: (603) 90576622
Email: cite@cite.com.my

封面設計 / 王小美
排　　版 / 極翔企業有限公司
印　　刷 / 韋懋實業有限公司
經 銷 商 / 聯合發行股份有限公司
電話：(02) 2917-8022　傳眞：(02) 2911-0053
地址：新北市231新店區寶橋路235巷6弄6號2樓

■2015年3月3日初版
■2023年2月6日初版5.5刷
定價320元

Printed in Taiwan

Krishnamurti Foundation of America
P.O. Box 1560, Ojai, California 93024 USA
E-mail: kfa@kfa.org. Website: www.kfa.org
For further information about J. Krishnamurti please visit:
www.jkrishnamurti.org

城邦讀書花園
www.cite.com.tw

 ISBN 978-986-272-751-5

廣　告　回　函
北區郵政管理登記證
北臺字第000791號
郵資已付，免貼郵票

104　台北市民生東路二段141號2樓

英屬蓋曼群島商家庭傳媒股份有限公司城邦分公司　收

請沿虛線對摺，謝謝！

書號：BX1062　　書名：與生活和好　　編碼：

請於此處用膠水黏貼

商周出版

讀者回函卡

感謝您購買我們出版的書籍！請費心填寫此回函卡，我們將不定期寄上城邦集團最新的出版訊息。

不定期好禮相贈！
立即加入：商周出版
Facebook 粉絲團

姓名：________________ 性別：□男 □女

生日：西元________年________月________日

地址：________________

聯絡電話：________________ 傳真：________________

E-mail ：

學歷：□ 1. 小學 □ 2. 國中 □ 3. 高中 □ 4. 大學 □ 5. 研究所以上

職業：□ 1. 學生 □ 2. 軍公教 □ 3. 服務 □ 4. 金融 □ 5. 製造 □ 6. 資訊
□ 7. 傳播 □ 8. 自由業 □ 9. 農漁牧 □ 10. 家管 □ 11. 退休
□ 12. 其他________________

您從何種方式得知本書消息？
□ 1. 書店 □ 2. 網路 □ 3. 報紙 □ 4. 雜誌 □ 5. 廣播 □ 6. 電視
□ 7. 親友推薦 □ 8. 其他________________

您通常以何種方式購書？
□ 1. 書店 □ 2. 網路 □ 3. 傳真訂購 □ 4. 郵局劃撥 □ 5. 其他______

您喜歡閱讀那些類別的書籍？
□ 1. 財經商業 □ 2. 自然科學 □ 3. 歷史 □ 4. 法律 □ 5. 文學
□ 6. 休閒旅遊 □ 7. 小說 □ 8. 人物傳記 □ 9. 生活、勵志 □ 10. 其他

對我們的建議：________________
____
____

【為提供訂購、行銷、客戶管理或其他合於營業登記項目或章程所定業務之目的，城邦出版人集團（即英屬蓋曼群島商家庭傳媒（股）公司城邦分公司、城邦文化事業（股）公司），於本集團之營運期間及地區內，將以電郵、傳真、電話、簡訊、郵寄或其他公告方式利用您提供之資料（資料類別：C001、C002、C003、C011 等）。利用對象除本集團外，亦可能包括相關服務的協力機構。如您有依個資法第三條或其他需服務之處，得致電本公司客服中心電話 02-25007718 請求協助。相關資料如為非必要項目，不提供亦不影響您的權益。】
1.C001 辨識個人者：如消費者之姓名、地址、電話、電子郵件等資訊。 2.C002 辨識財務者：如信用卡或轉帳帳戶資訊。
3.C003 政府資料中之辨識者：如身分證字號或護照號碼（外國人）。 4.C011 個人描述：如性別、國籍、出生年月日。

請於此處用膠水黏貼